TRY!
トライ！

JLPT N5
일본어
능력시험

초급1 문법으로 입 트이는 일본어

저자 ABK(公益財団法人 アジア学生文化協会)

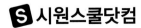
S 시원스쿨닷컴

はじめに 머리말

この本は、日本語能力試験の N5 に対応した文法の問題集で、ABK（公益財団法人 アジア学生文化協会）の 30 年の日本語教育の経験を生かして、学内で使いながら作られたものです。日本語を勉強している皆さんが、文法をきちんと整理して、日本語が上手に使えるようになることを願って作りました。

文法は「聞く・話す・読む・書く」の基礎になるものです。この本では次のプロセスで勉強が進められるように工夫しました。

1．実際のコミュニケーションの中でその文法がどのように使われているかを知る。

2．基本的な練習で使い慣れる。

3．まとめの問題で話を聞いたり日本語の文章を読んだりする運用練習をする。

まとめの問題は日本語能力試験の出題形式に合わせてありますので、試験を受ける皆さんは、この本 1 冊で文法対策と読解、聴解の試験の練習ができるようになっています。

この本の「TRY!」という名前には、気軽にやってみようという意味と、ラグビーのトライ（Try）のように、がんばったことが得点につながるという意味を込めました。皆さんがこの本で勉強して、日本語能力試験 N5 に合格し、さらに日本語を使って楽しく自己表現ができるようになりますよう、お祈りしています。

このシリーズは N5 ～ N1 まで、各レベルに合わせて 5 冊の本があります。この本が終わったら、ぜひ次のレベルに進んで、レベルアップを目指してください。

본 도서는 일본어능력시험 JLPT N5 수준의 문법 교재로, ABK (공익재단법인 아시아학생문화협회)의 30년간의 일본어 교육 경험을 바탕으로 교내에서 직접 사용해가며 제작한 책입니다. 일본어를 공부하고 있는 여러분들이 문법을 확실히 이해하고 일본어를 능숙하게 구사할 수 있게 되길 바라며 만들었습니다.

문법은 '듣기, 말하기, 읽기, 쓰기' 이 네 가지 파트가 기본 요소입니다. 본 책에서는 다음과 같은 순서로 학습이 이루어질 수 있도록 하였습니다.

1. 실제 커뮤니케이션 상황 속 문법이 어떠한 방식으로 사용되고 있는지 이해한다.

2. 기본적인 연습 과정을 거치며 문법 사용에 점차 익숙해진다.

3. 총정리 문제를 통해 대화를 듣거나 일본어 문장을 읽는 실전 연습을 한다.

총정리 문제는 일본어능력시험의 출제 형식에 따른 것으로, 시험을 치르는 여러분들이 본 도서만으로 문법, 독해, 청해 모든 파트를 대비할 수 있도록 하였습니다.

본 도서 「TRY!」의 명칭은 '가볍게 해 보자!'라는 의미로, 럭비 경기의 트라이(Try)처럼 최선을 다하면 좋은 결과로 이어진다는 의미를 담고 있습니다. 여러분이 이 책을 통해 JLPT N5에 합격하고, 나아가 일본어로 즐겁게 의사표현할 수 있기를 바랍니다.

본 도서의 시리즈는 총 5권으로 N5부터 N1까지 각 레벨에 맞춰 구성되어 있습니다. 이 책을 마치고 나면 꼭 다음 레벨의 책으로 넘어가 더욱 실력을 향상시켜 보세요.

2022年1月　著者一同
2022년 1월 저자 일동

この本をお使いになるみなさんへ
이 책을 사용하시는 여러분께

この本は、本冊、別冊「答え・スクリプト」と MP3 があります。

본 도서는 본책, 별책, 정답&스크립트, MP3로 구성되어 있습니다.

1. 本冊 본책

全部で9章に分かれています。1章「あいさつ」では、日常生活でよく使われるあいさつの言葉を集めてあります。9章「便利なことば」では、助詞や副詞、接続詞などの基本的な使い方がわかります。2章から8章は次のような構成になっています。さらに、最後に1回分の模擬試験があります。

본 도서는 총 9장으로 나뉘어 있습니다. 1장 '인사'에는 일상생활에서 자주 쓰이는 인사말을 모아 두었습니다. 9장 '유용한 어휘'에서는 조사나 부사, 접속사 등의 기본적인 사용법을 알 수 있습니다. 2장부터 8장까진 하단과 같이 구성되어 있습니다. 마지막으로 모의고사 1회분이 수록되어 있습니다.

各章の構成 각 장의 구성

1) できること 학습 목표
その章を学習すると、何ができるようになるかが書いてあります。

각 장을 학습하고 나면 무엇을 할 수 있는지에 대해 알 수 있습니다.

2) 見本文 본문
その章で勉強する文法項目が、実際にどのように使われているかわかるようになっています。1つの章は（1）（2）に分かれていて、（1）（2）の見本文はストーリーがつながっています。勉強する文法項目は、すぐわかるように太字で書いてあります。

각 장에서 학습하는 핵심 문법이 실제로 어떻게 활용되는지에 대해 알 수 있습니다. 한 과가 (1), (2)로 나누어져 있는 경우가 있으며, 두 과에서 다루는 본문의 내용은 서로 연결되어 있습니다. 학습하는 핵심 문법은 한눈에 알아볼 수 있도록 굵은 글씨로 표기했습니다.

3) 文法項目 핵심 문법
その章で勉強する項目を順番に並べてあります。探すときに便利なように、2章から8章まで通し番号になっています。それぞれの中には、使い方、接続、例文、補足説明、練習問題などがあります（くわしい内容は ☞ p.5）。

각 장에서 학습하는 핵심 문법을 순서대로 정렬했습니다. 2장에서 8장까지 연결되는 번호를 매겨, 원하는 파트를 쉽게 찾아볼 수 있습니다. 각 핵심 문법에는 사용법, 접속 형태, 예문, 보충 설명, 연습문제 등이 포함되어 있습니다. (상세 내용 참조 ☞ P. 5)

4）まとめの問題　총정리 문제

その章で勉強した文法を中心にした、文法、読解、聴解の問題です。日本語能力試験の出題形式に合わせた形になっていますから、文法項目の再確認をしながら、試験対策ができます。

각 장에서 학습한 문법을 중심으로 구성한 문법, 독해, 청해 문제입니다. 일본어능력시험의 출제 형식을 따랐으며, 학습한 문법 항목들을 재확인해가는 과정을 통해 실제 시험에 대비할 수 있습니다.

2.　別冊　별책

1) **やってみよう！**　정답

2) **まとめの問題**　정답 & 스크립트

3) **もぎ試験**　정답 & 스크립트

4) **もぎ試験**　해답 용지

3.　MP3

「見本文」と、「まとめの問題」「もぎ試験」の聴解問題の音声

본문, 총정리 문제, 모의고사 청해 파트 음성

※ 시원스쿨 홈페이지(japan.siwonschool.com)의 수강신청 탭 ➡ 교재/MP3에서 다운로드하실 수 있습니다.

4.　語いリスト　어휘 리스트

本冊で使われている言葉の「語いリスト」があります。ダウンロードして使ってください。

본 책에서 쓰인 어휘를 모아둔 '어휘 리스트'가 있습니다. 다운로드하여 학습에 활용해 주세요.

※ 시원스쿨 홈페이지(japan.siwonschool.com)의 수강신청 탭 ➡ 교재/MP3에서 다운로드하실 수 있습니다.

文法項目の中にあるもの 핵심 문법의 구성

ぶんぽうこうもく　なか

1. どう使う?

1) 문법 설명

각 문법의 쓰임과 활용에 대해 알 수 있습니다. 무엇을 전달할 때 쓰는지, 어떠한 뉘앙스가 담긴 표현인지 알 수 있습니다.

2) 접속 형태 설명

접속하는 품사의 형태를 기호로 나타냈습니다.

예 :  + で

동사 등의 활용형을 볼 수 있는 표가 있습니다.

접속 시 유의해야 할 사항을 표시해 두었습니다.

3) 예문

①, ②와 같이 번호가 매겨져 있습니다. 예문은 일상생활에서 자주 쓰이는 것으로 선정했습니다.
또한, 보다 쉽게 이해할 수 있도록 일부 예문에 일러스트를 추가했습니다.

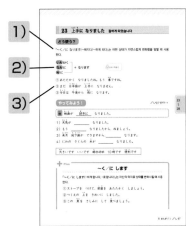

2. やってみよう!

핵심 문법을 확인할 수 있는 연습 문제입니다.

どう使う? 와 예문에서 배운 것을 잘 활용할 수 있는지 실제 문제를 풀며 체크해 보세요.

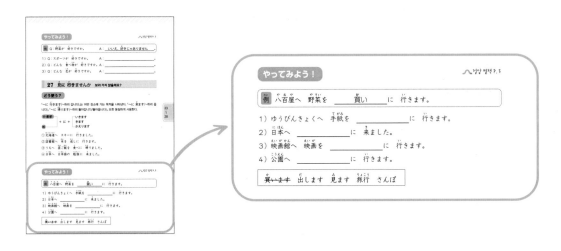

3. 학습 Tip

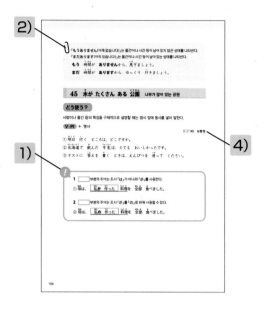

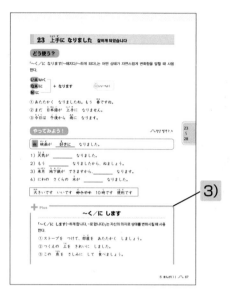

1) 주의 사항

문법 활용 시 주의 사항이 표기되어 있습니다.

2) 추가 설명

다른 문형과의 차이점이나 추가 설명이 덧붙여져 있습니다.

3) 비슷한 문형

 Plus

비슷한 문형이나 함께 알아 둘 필요가 있는 문형이 표기되어 있습니다.

4) 관련 문형

연관된 핵심 문법의 번호를 표시한 기호입니다.

品詞と活用形のマーク 품사와 활용형 기호

1) 품사

명사	**N**	えんぴつ、日本語、病気
い형용사	**いA**	大きい、小さい、おいしい
な형용사	**なA**	元気、便利、しずか
동사	**V**	行く、食べる、勉強する

2) 동사의 활용형

ます형	**V-ます**	行きます
사전형	**V-る**	行く
て형	**V-て**	行って
た형	**V-た**	行った
ない형	**V-ない**	行かない
동사의 보통형	**V-PI**	行く・行かない・行った・行かなかった

3) 보통형 · 정중형

PI 보통형(반말체)

동사	行く 行かない 行った 行かなかった
い형용사	大きい 大きくない 大きかった 大きくなかった
な형용사	元気だ 元気じゃない／元気ではない 元気だった 元気じゃなかった／元気ではなかった
명사	病気だ 病気じゃない／病気ではない 病気だった 病気じゃなかった／病気ではなかった

동사	行きます 行きません 行きました 行きませんでした
い형용사	大きいです 大きくないです／大きくありません 大きかったです 大きくなかったです／大きくありませんでした
な형용사	元気です 元気じゃないです／元気ではないです／ 元気じゃありません／元気ではありません 元気でした 元気じゃなかったです／元気ではなかったです／ 元気じゃありませんでした／元気ではありませんでした
명사	病気です 病気じゃないです／病気ではないです／ 病気じゃありません／病気ではありません 病気でした 病気じゃなかったです／病気ではなかったです／ 病気じゃありませんでした／病気ではありませんでした

표 안에 들어가는 내용으로는 대표적인 예문만을 실었습니다.

接続の示し方 접속 형태 표시

각 문법의 접속 형태는 다음과 같이 표기되어 있습니다.

예)

食べて ください	V-て ＋ ください
会いたい	V-ます ＋ たい
行かないで ください	V-ない ＋ ないで ください
大きく	いA く
しずかな	なA な
しずかに	なA に
私の	N の

この本をお使いになる先生方へ
이 책을 활용하시는 선생님께

この本をお使いくださり、ありがとうございます。本書の目指すところは、日常生活の様々な場面で、具体的に日本語がどのように使われているかを目で見て、感じて、それを踏まえて文法を学ぶことです。それによって、会話やスピーチ、読解の中で使われている文法項目に自然になじみ、日本語能力試験への対応も、スムーズに進むと思います。さらに発話や作文などの自己表現にも応用できるようになると信じています。

近年、インターネットの普及に伴って、海外の学習者も生の日本語に直に触れる機会が増え、自然な日本語の習得に一役買っていることは確かです。運用を重視するという日本語教育の流れの中で、文法の位置づけも変わってきているように思います。

しかし、特に初級段階において、基礎の枠組みとしての文法をきちんと把握することは、その後の日本語の運用にとって非常に重要です。また、この段階から相手との位置関係、使用場面にふさわしい日本語を意識することもとても大切だと考えます。

以上の点から、本書の見本文では下の表のような多様な場面を設定しました。初級の文章の制限もありますが、できるかぎり自然な言葉を使うようにしています。

章	タイトル	場面
1	あいさつ	あいさつをする
2	電気屋で	買い物をする
3	きのうの買い物	身近な人と身近な話題で話す
4	上野の町	身近な人を誘って、その場所の説明をする
5	まんが	身近な人と趣味について話す
6	空港で	身近な人に人の様子を話す。店員などに依頼する
7	スキーとおんせん	身近な人に自分の体験を話す
8	昼ご飯	友だちと身近な話題で話す

本校での実践の中でも見本文の効果は大きく、ことさら説明をしなくても、イメージで感じ取ってもらえると言われています。本書を使ってご指導される先生方にも、ぜひ学習者の方とともに見本文のストーリーを感じていただきたく存じます。

本書につきまして、何かご意見などございましたら、どうぞお寄せくださいますよう、お願い申し上げます。

この本に出てくる人
이 책의 등장인물

リン：大学生
대학생

スミス：大学生
대학생

山田：主婦
주부

キム：会社員
회사원

高橋：会社員
회사원

鈴木：大学生
대학생

佐藤：大学生
대학생

もくじ 목차

1 あいさつ　　　　　　　　인사

2 電気屋で（1）　　　　　전자제품 매장에서（1）

2 電気屋で（2）　　　　　전자제품 매장에서（2）

3 きのうの 買い物（1）　　어제의 쇼핑（1）

3 きのうの 買い物（2）　　어제의 쇼핑（2）

별책

정답 & 스크립트

해답 용지

1 あいさつ
인사

본문 해석 보기

できること

● 기본적인 인사를 할 수 있다.
● 상대의 인사말에 대답할 수 있다.

PART 1

1. 처음 만났을 때 🔊 02

はじめまして。田中です。
どうぞ よろしく おねがいします。

こちらこそ、どうぞ
よろしく おねがいします。

> 짧게 줄여「こちらこそ (저야말로)」만 사용해도 의미가 전달된다.

2. 감사 인사를 전할 때 🔊 03

ありがとう
ございます。

どうぞ。

ありがとう
ございます。

いいえ、
どういたしまして。

14

3. 매일 쓰는 인사말

▶ 만남

朝 아침
おはようございます。

昼 점심
こんにちは。

晩 저녁
こんばんは。

▶ 헤어짐

さようなら。

夜 밤
おやすみなさい。

친구에게는 「さよなら(잘가)」혹은
「じゃ、また(그럼, 또 보자)」도 사용할 수 있다.

▶ 취침

おやすみなさい。

4. 오랫동안 헤어질 때

5. 집을 방문할 때 🔊 09

6. 부탁할 때 🔊 10

7. 괜찮다고 말할 때 🔊 11

PART 2

1. すみません

▶ 사과할 때　　　　▶ 감사 인사를 전할 때　　　　▶ 누군가를 부를 때

친구나 가족에게 사과할 때는 「ごめんなさい(미안합니다, 죄송합니다)」도 사용한다.

2. しつれいします

▶ 먼저 자리를 떠날 때　　　　　　　　▶ 방에 들어갈 때

3. どうぞ

▶ 무언가를 권유 · 양보할 때　　　　　　▶ 무언가를 건네줄 때

やってみよう！

정답 별책 P.1

もんだい **1**

この　もんだいでは　えを　みながら　しつもんを　きいて　ください。
やじるし（➡）の　ひとは　なんと　いいますか。1から3の　なかから、いちばん
いい　ものを　1つ　えらんで　ください。

	1	2	3

もんだい **2**

この　もんだいは、えなどが　ありません。ぶんを　きいて、1から3の　なかから、
いちばん　いい　ものを　1つ　えらんで　ください。

| 6 | 1 | 2 | 3 | 🔊 20 |

| 7 | 1 | 2 | 3 | 🔊 21 |

| 8 | 1 | 2 | 3 | 🔊 22 |

| 9 | 1 | 2 | 3 | 🔊 23 |

| 10 | 1 | 2 | 3 | 🔊 24 |

2 電気屋で (1)
でんきや
전자제품 매장에서 (1)

본문 해석 보기

できること

● 점원에게 상품의 위치와 가격을 묻고, 답변을 알아들을 수 있다.

◀)) 25

店員：いらっしゃいませ。
てんいん

リン：すみません。電子辞書、あり**ますか**。
　　　　　　　　でんしじしょ

店員：はい、ございます。
てんいん

リン：**どこ**ですか。

店員：**あちら**です。どうぞ。
てんいん

1　あります　있습니다

どう使う？

「～です(～입니다)」와「～ます(～합니다)」는 현재나 미래의 일을 말할 때 사용한다.

	현재 긍정형	현재 부정형
동사	いき**ます**	いき**ません**
い형용사	おおき**いです**	おおき**くありません**／ おおき**くないです**
な형용사	きれい**です**	きれい**ではありません**／ きれい**じゃありません**／ きれい**じゃないです**
명사	あめ**です**	あめ**ではありません**／ あめ**じゃありません**／ あめ**じゃないです**

① 毎朝、コーヒーを　飲みます。

② 今日は　暑いです。

③ 鈴木さんは　親切です。

④ 今日、銀行は　休みじゃありません。

やってみよう！

정답 별책 p.1

> 例 です／は／富士山／きれい ⇒ 富士山はきれいです_____。

1) さん／リン／です／は／中国人

⇒ _____。

2) は／じゃありません／これ／ノート

⇒ _____。

3) です／今日／は／いそがしい

⇒ _____。

4) 毎晩／聞きます／音楽／を

⇒ _____。

2　ありますか　있습니까?

どう使う？

질문할 때는 문장 끝에 「か(〜까?)」를 붙인다.

① A：鈴木さんですか。

　 B：はい、鈴木です。

② A：この本、おもしろいですか。

　 B：はい、とても　おもしろいです。

③ A：明日、学校へ　行きますか。

　 B：いいえ、行きません。

やってみよう！

例 Q：明日、学校へ　行きますか。　A：はい、行きます。／いいえ、行きません。

1）Q：毎日、新聞を　読みますか。　　A：＿＿＿＿＿＿＿＿＿＿＿＿＿＿＿。

2）Q：日本の　カメラは　高いですか。　A：＿＿＿＿＿＿＿＿＿＿＿＿＿＿＿。

3）Q：明日、ひまですか。　A：＿＿＿＿＿＿＿＿＿＿＿＿＿＿＿。

4）Q：土曜日、会社は　休みですか。　A：＿＿＿＿＿＿＿＿＿＿＿＿＿＿＿。

명사 의문문일 경우에만「そうです(그렇습니다)」「ちがいます(아닙니다)」라고 답할 수 있다. 형용사, 동사 의문문의 대답으로는「そうです」「ちがいます」를 사용하지 않는다.

① A：田中さんですか。

　　B：はい、そうです。　／　いいえ、ちがいます。

② A：日本語は　むずかしいですか。

　　B：はい、そ~~う~~です。　　⇒　○ はい、むずかしいです。

　　　いいえ、ちが~~い~~ます。　⇒　○ いいえ、むずかしくないです。

③ A：朝、パンを食べますか。

　　B：はい、そ~~う~~です。　　⇒　○ はい、食べます。

　　　いいえ、ちが~~い~~ます。　⇒　○ いいえ、食べません。

やってみよう！

例1 A：これは　佐藤さんの　本ですか。

　　B：（　○　）はい、そうです。⇒＿＿＿＿＿＿＿＿＿＿

例2 A：テレビを　見ますか。

　　B：（　✗　）はい、そうです。⇒　はい、見ます。＿＿＿＿

1）A：毎日　さんぽしますか。

　　B：（　　　）はい、そうです。⇒＿＿＿＿＿＿＿＿＿＿

2）A：ここは 日本語学校_{にほんごがっこう}ですか。

　　B：（　　　）いいえ、ちがいます。⇒ _____

3）A：日本_{にほん}の 冬_{ふゆ}は 寒_{さむ}いですか。

　　B：（　　　）はい、そうです。　⇒ _____

4）A：明日_{あした} 田中_{たなか}さんに 会_あいますか。

　　B：（　　　）いいえ、ちがいます。⇒ _____

 「Aか Bか（A인지 B인지）」의 형태로 묻는 질문에는 「はい（예）」「いいえ（아니오）」로 답할 수 없다.

　A：山本_{やまもと}さんは 先生_{せんせい}ですか、学生_{がくせい}ですか。

　B：は̶い、学生_{がくせい}です。⇒ 〇 学生_{がくせい}です。

3　どこですか　어디입니까?

どう使う？

이름 · 장소 · 이유 등을 물을 때 의문사를 사용한다.

だれ／どなた	누구/어느 분	どこ／どちら	어디/어느 쪽	なに／なん	무엇
どうして／なぜ	어째서/왜	どれ どの + N	어느 것 어느 + N	どちら／どっち	어느 쪽
どう／いかが どんな + N	어떻게 어떤 + N	いつ	언제	なんで／どうやって	어떤 방법으로/어떻게
いくら	얼마				

① A：それは　何の　ざっしですか。

　　B：車の　ざっしです。

② A：テストは　いつですか。

　　B：来週の　木曜日です。

③ A：あの方は　どなたですか。

　　B：西川さんです。

④ A：日本の　おかしは　どうですか。

　　B：おいしいです。

やってみよう！

정답 별책 P. 2

> 例　A：それは　（　何　）ですか。
>
> 　　B：これは　日本の　おかしです。

1) A：日本語の　CDは　（　　　　）ですか。

　　B：これです。

2) A：大阪は　（　　　　）町ですか。

　　B：にぎやかな　町です。

3) A：学校は　（　　　　）ですか。

　　B：楽しいです。

4) A：（　　　　）と　昼ご飯を　食べますか。

　　B：佐藤さんと　食べます。

5) A：日曜日、（　　　　）へ　行きますか。

　　B：公園へ　行きます。

6) A：これは　（　　　　）ですか。

　　B：350円です。

1 「何(무엇)」는 「**なに**」 혹은 「**なん**」이라고 읽는다. 「何人(몇 명)」 「何時(몇 시)」처럼 뒤에 수량을 나타내는 말이 올 경우나 「何」 뒤의 말이 「n/t/d」로 시작될 경우에도 「**なん**」으로 읽는다.

何の｜何と｜何で｜何だ

2 의문사가 문장 앞, 뒤 어디에 위치하느냐에 따라 조사 「は」 또는 「が」를 사용한다. 의문문에서 사용한 조사는 대답할 때도 똑같이 사용한다.

① A：あの人は　**だれですか**。
　 B：あの人は　高橋さん**です**。

A：～は、 의문사 ＋か。
B：～は、＿＿＿＿＿です。

② A：**どの人が**　田中さんです**か**。
　 B：あの人が　田中さん**です**。

A： 의문사 ＋が、～か。
B：＿＿＿＿＿が、～です。

やってみよう！

정답 별책 P.2

例 これ（(は)・が）　何ですか。

1）A：この　かさ（は・が）　だれの　ですか。
　 B：佐藤さんの　です。

2）A：どれ（は・が）　伊藤さんの　車ですか。
　 B：あれ（は・が）　私の　です。

3）A：だれ（は・が）　パーティーに　行きますか。
　 B：佐藤さんと　鈴木さん（は・が）　行きます。

4）A：日本語の　勉強（は・が）　どうですか。
　 B：とても　おもしろいです。

1 「いかがですか(어떠십니까?)」는「どうですか(어때요?)」의 정중한 표현이다.

　　A : 日本の　せいかつは　いかがですか。

　　B : とても　楽しいです。

2 「どうですか／いかがですか」는 상대방에게 무언가를 권유할 때에도 사용한다.

　　A : お茶、どうですか／いかがですか。

　　B : ありがとうございます。いただきます。

4　あちらです　저쪽이에요

どう使う？

사물이나 장소, 방향 등을 가리킬 때 지시대명사 「これ(이것)」「それ(그것)」「あれ(저것)」를 사용한다.

こ	そ	あ
자신과 가까울 때	상대방과 가까울 때	자신과 상대방 모두에게 멀 때

사물	これ 이것	それ 그것	あれ 저것	どれ？ 어느 것?
사물	この + N 이 + N	その + N 그 + N	あの + N 저 + N	どの + N？ 어느 + N？
장소	ここ 여기	そこ 거기	あそこ 저기	どこ？ 어디?
장소・방향	こちら／こっち 이쪽	そちら／そっち 그쪽	あちら／あっち 저쪽	どちら／どっち？ 어느 쪽?

① A：これは　だれの　かばんですか。
　 B：それは　田中さんの　かばんです。

② A：あれは　日本の　車ですか。
　 B：はい。あれは　日本の　車です。

やってみよう！

정답 별책 P. 2

例 A：（　これ　）、たんじょう日の　プレゼントです。
　 B：ありがとう。

1）A：（　　　　）は　だれの　かさですか。
　 B：（　　　　）は　私の　かさです。

2）A：（　　　　）は　何ですか。
　 B：（　　　　）は　電話の　会社です。

3）A：（　　　　）かばんは　いくらですか。
　 B：48,000円です。

4) A：ゆうびんきょくは　どこですか。

B：（　　　　）です。

5) A：Bさんの　かばんは　どれですか。

B：（　　　　）です。あの　白い　かばんです。

「こちら(이쪽)」는 가족이 아닌 다른 사람을 소개할 때도 사용한다.

こちらは　鈴木さんです。

2 電気屋で（2）

でんきや

전자제품 매장에서 (2)

できること

● 상품에 대해 점원에게 묻거나 다른 상품은 없는지 문의할 수 있다.

본문 해석 보기

26

店員：こちらは　いかがですか。**新しい**　電子辞書です。

リン：日本**の**ですか。

店員：はい、カシオのです。23,800**円**です。

リン：もっと　安いの、ありませんか※。

店員：はい。こちらは　18,500 円です。

リン：ケースは　いくらですか。

店員：1,500 円です。

リン：じゃあ、この　電子辞書と　ケースを　ください。

店員：ありがとうございます。

※ **ありませんか**：매장에서 질문할 때
「ありませんか (없습니까?)」라고
묻는 경우도 많다.

5　新しい　電子辞書　새로운 전자사전

あたら　でんしじしょ

どう使う？

사람 혹은 사물이 어떤 특징을 가지고 있는지 자세하게 설명할 때는 명사 앞에 설명하는 말을 넣는다.

いA
なA な　＋ 명사
N の

① A：これは　だれの　かさですか。

　 B：あ、すみません。私(わたし)の　かさです。

② A：毎日(まいにち)、インターネットで　おもしろい　ゲームを　します。

　 B：そうですか。

③ A：きれいな　くつですね。

　 B：ありがとうございます。

> ！ い형용사가 명사를 수식할 때는 「の」가 붙지 않는다.
>
> 大(おお)きい ✕ かばんを　買(か)います。 ⇒ ○ 大(おお)きい　かばんを　買(か)います。

やってみよう！

정답 별책 P. 2

> 例(れい)　は／写真／古い／です
>
> ⇒ これ　は　古(ふる)い　写真(しゃしん)です_____。

1) 料理(りょうり)／な／を／かんたん／作(つく)ります

⇒ いつも_____。

2) いくら／テレビ／か／は／です／の

⇒ SONY_____。

3) きれい／です／は／な／花(はな)

⇒ さくら_____。

4) は／の／カレンダー／来年(らいねん)／です

⇒ これ_____。

5) ジュース／か／つめたい／飲(の)みます／を

⇒ 鈴木(すずき)さん、_____。

6 日本のです　일본 것입니다

どう使う？

「〜の(〜의 것, 〜인 것)」는 명사를 수식하는 문장에서 명사 대신에 사용한다.

N
いA　＋の
なAな

> **！** 「**N**＋の＋**N**」의 형태일 경우, 「**N**＋の」로 뒤에 오는 명사를 생략하여 사용한다.
> これは　日本の　✕　です。　⇒　○　これは　日本のです。

① A：これは　どこの　車ですか。

　 B：イタリアの　です。

② A：この　黒いのは　だれの　かさですか。

　 B：鈴木さんの　です。

③ A：どんな　くつが　いいですか。

　 B：じょうぶなのを　ください。

やってみよう！

～정답 별책 P.2

例 A：これは　だれの　ペンですか。

　 B：＿＿＿＿先生の＿＿＿＿　です。

1）A：それは　どこの　シャツですか。

　 B：＿＿＿＿＿＿＿＿＿＿＿＿＿　です。

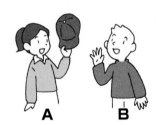

2）A：Bさんの　かさは　どれですか。

B：＿＿＿＿＿＿＿＿＿＿＿＿です。

3）A：あれは　だれの　自転車^{じ てんしゃ}ですか。

B：＿＿＿＿＿＿＿＿＿＿＿＿です。

4）A：この　ぼうしは　Bさんの　ですか。

B：はい、＿＿＿＿＿＿＿＿＿＿＿です。

数^{かず}｜숫자

0	れい／ゼロ		
1	いち	11	じゅういち
2	に	12	じゅうに
3	さん	13	じゅうさん
4	よん／し	14	じゅうよん／じゅうし
5	ご	15	じゅうご
6	ろく	16	じゅうろく
7	なな／しち	17	じゅうなな／じゅうしち
8	はち	18	じゅうはち
9	きゅう／く	19	じゅうきゅう／じゅうく
10	じゅう	20	にじゅう

じゅう		ひゃく		せん		まん	
10	じゅう	100	ひゃく	1,000	せん	10,000	いちまん
20	にじゅう	200	にひゃく	2,000	にせん	20,000	にまん
30	さんじゅう	300	さん**びゃく**	3,000	さん**ぜん**	30,000	さんまん
40	よんじゅう	400	よんひゃく	4,000	よんせん	40,000	よんまん
50	ごじゅう	500	ごひゃく	5,000	ごせん	50,000	ごまん
60	ろくじゅう	600	**ろっぴゃく**	6,000	ろくせん	60,000	ろくまん
70	ななじゅう	700	ななひゃく	7,000	ななせん	70,000	ななまん
80	はちじゅう	800	**はっぴゃく**	8,000	**はっせん**	80,000	はちまん
90	きゅうじゅう	900	きゅうひゃく	9,000	きゅうせん	90,000	きゅうまん
?	なんじゅう	?	なん**びゃく**	?	なん**ぜん**	?	なんまん

やってみよう！

～ 정답 별책 p.2

例	５３	＿＿ごじゅうさん＿＿＿＿＿＿＿＿＿＿＿＿＿＿＿＿

1) ２８４ ＿＿＿＿＿＿＿＿＿＿＿＿＿＿＿＿＿＿＿＿＿＿＿＿＿

2) ３６９ ＿＿＿＿＿＿＿＿＿＿＿＿＿＿＿＿＿＿＿＿＿＿＿＿＿

3) ６１２ ＿＿＿＿＿＿＿＿＿＿＿＿＿＿＿＿＿＿＿＿＿＿＿＿＿

4) １,４５０ ＿＿＿＿＿＿＿＿＿＿＿＿＿＿＿＿＿＿＿＿＿＿＿＿＿

5) ８,７６４ ＿＿＿＿＿＿＿＿＿＿＿＿＿＿＿＿＿＿＿＿＿＿＿＿＿

7 23,800円です　23,800엔입니다

どう使う？

사람이나 사물 등을 셀 때는 숫자 뒤에 조수사를 붙인다. 세는 대상에 따라 쓰는 조수사가 다르다.

> 뒤에 붙는 조수사에 따라 숫자를 다르게 읽기도 한다.
>
> ４円（**よ**えん）｜ １さい（**いっ**さい）

	~まい (~장)	~台 (~대)	~ばん (~번)	~円 (~엔)	~さい (~살)	~さつ (~권)
1	いちまい	いちだい	いちばん	いちえん	**いっさい**	**いっさつ**
2	にまい	にだい	にばん	にえん	にさい	にさつ
3	さんまい	さんだい	さんばん	さんえん	さんさい	さんさつ
4	よんまい	よんだい	よんばん	**よえん**	よんさい	よんさつ
5	ごまい	ごだい	ごばん	ごえん	ごさい	ごさつ
6	ろくまい	ろくだい	ろくばん	ろくえん	ろくさい	ろくさつ
7	ななまい	ななだい	ななばん	ななえん	ななさい	ななさつ
8	はちまい	はちだい	はちばん	はちえん	**はっさい**	**はっさつ**
9	きゅうまい	きゅうだい	きゅうばん	きゅうえん	きゅうさい	きゅうさつ
10	じゅうまい	じゅうだい	じゅうばん	じゅうえん	**じゅっさい**	**じゅっさつ**
?	なんまい	なんだい	なんばん	なんえん	なんさい	なんさつ

	~こ (~개)	~かい (~층)	~本 (~자루,~송이)	~はい (~잔, ~공기)	~人 (~명)	~つ (~개)
1	**いっこ**	**いっかい**	**いっぽん**	**いっぱい**	**ひとり**	**ひとつ**
2	にこ	にかい	にほん	にはい	**ふたり**	**ふたつ**
3	さんこ	さんかい	さん**ぼん**	さん**ばい**	さんにん	**みっつ**
4	よんこ	よんかい	よんほん	よんはい	**よにん**	**よっつ**
5	ごこ	ごかい	ごほん	ごはい	ごにん	**いつつ**
6	**ろっこ**	**ろっかい**	**ろっぽん**	**ろっぱい**	ろくにん	**むっつ**
7	ななこ	ななかい	ななほん	ななはい	**しち**にん	**ななつ**
8	**はっこ**	**はっかい**	**はっぽん**	**はっぱい**	はちにん	**やっつ**
9	きゅうこ	きゅうかい	きゅうほん	きゅうはい	きゅうにん	**ここのつ**
10	**じゅっこ**	**じゅっかい**	**じゅっぽん**	**じゅっぱい**	じゅうにん	**とお**
?	なんこ	なんかい	なん**ぽん**	なん**ばい**	なんにん	**いくつ**

① 私は　毎朝、パンを　2まい　食べます。

② つくえの　上に　本が　3さつ　あります。

③ A：すみません。この　りんご、3つ　ください。

　　B：はい、ありがとうございます。

やってみよう！

정답 별책 p.2

例  ⇒ ___にほん_____

1) ⇒ _____

2) ⇒ _____

3) ⇒ _____

4) ⇒ _____

5) ⇒ _____

정답 별책 P.9

文章の文法 <글의 문법>

ぶん しょう ぶん ぽう

1 ～ 4 に 何を 入れますか。1・2・3・4から いちばん いい ものを
ひと
1つ えらんで ください。

> 私は 1 新宿へ 行きます。新宿の 店は 大きいです。いろいろな
> わたし しんじゅく い しんじゅく みせ おお
> ものが あります。店の 人は 2 親切です。
> みせ ひと しんせつ
> 明日も 私は 友だちと 新宿へ 行きます。 3 、日本の 電子辞書を
> あした わたし とも しんじゅく い にほん でん し じ しょ
> 買います。日本 4 は ちょっと 高いですが、とても いいです。
> か にほん たか

1 **1** あまり **2** たいへん **3** たくさん **4** よく

2 **1** とても **2** まっすぐ **3** はじめて **4** まだ

3 **1** それでは **2** しかし **3** でも **4** そして

4 **1** に **2** の **3** へ **4** から

聴解 <청해>

ちょう かい

もんだい1

はじめに しつもんを きいて ください。それから はなしを きいて、1から4の
なかから、ただしい こたえを 1つ えらんで ください。　🔊 27

1 300円 **2** 400円 **3** 600円 **4** 700円
えん えん えん えん

もんだい2

この もんだいでは えなどが ありません。まず、ぶんを きいて ください。
それから、その へんじを きいて、1から3の なかから、いちばん いい ものを
ひと
1つ えらんで ください。

1 　　**1**　　**2**　　**3**　　🔊 28

2 　　**1**　　**2**　　**3**　　🔊 29

③ きのうの 買い物(1)

어제의 쇼핑(1)

できること

● 언제·어디서·무엇을 했는지 과거의 행동에 대해 말할 수 있다.

본문 해석 보기

🔊 30

スミス：おはようございます。

リ ン：おはようございます。

スミス：あ、新しい 電子辞書です**ね**。

リ ン：はい、きのう 買い**ました**。

スミス：高**かったです**か。

リ ン：いいえ、あまり 高**くなかったです**。20,000 円**でした**。

スミス：へえ。じゃあ、私も **ほしいです**。

8 電子辞書です**ね** 전자사전이군요

どう使う？

「ね(〜이군요, 〜이지요)」는 문장 끝에 붙여 자신의 생각을 상대방에게 확인받고자 할 때 사용한다.

① A：明日の パーティーは 6時からです。

　 B：はい、6時ですね。

② A：今日は、1,000 円の　Ｔシャツが　20 ％ off です。

　 B：じゃ、800 円ですね。

③ A：佐藤さんの　住所は　わかりますね。

　 B：はい、わかります。

やってみよう！

∿ 정답 별책 P.3

> 例　A：明日は　休みですか。
>
> 　　 B：はい、休みです（ ね・⊗ ）。

1）A：この　シャツは　1,500 円です。

　 B：1,500 円です（ ね・× ）。じゃ、これを　ください。

2）A：これは　高橋さんのです（ ね・× ）。

　 B：はい、私のです。

3）A：私は　来週　国へ　帰ります（ ね・× ）。

　 B：そうですか。お元気で。

4）A：いらっしゃいませ。プレゼントですか。

　 B：いいえ、自分のです（ ね・× ）。

5）A：コーヒーと　ケーキ、おねがいします。

　 B：コーヒーと　ケーキです（ ね・× ）。

「ね(~이군요, ~이네요)」는 상대에게 나와 똑같이 생각하는지 물을 때에도 사용한다.

① A：おはようございます。今日は　いい　天気ですね。

　 B：本当に　いい　天気ですね。

② A：毎日　宿題が　たくさん　ありますね。

　 B：そうですね。

③ A：今日は　いそがしいですね。

　 B：本当に、今日は　お客さんが　多いですね。

9 きのう 買いました　어제 샀습니다

どう使う？

「～でした(～이었습니다)」「～ました(～했습니다)」는 과거의 일을 나타낼 때 사용한다.

	과거 긍정형	과거 부정형
동사	いき**ました**	いき**ませんでした**
い형용사	おおき**かったです**	おおき**くありませんでした**／ おおき**くなかったです**
な형용사	しずか**でした**	しずか**ではありませんでした**／ しずか**じゃありませんでした**／ しずか**じゃなかったです**
명사	あめ**でした**	あめ**ではありませんでした**／ あめ**じゃありませんでした**／ あめ**じゃなかったです**

8
～
14

① A：きのう、テレビを　見ましたか。

　　B：いいえ、見ませんでした。

② おとといは　暑くなかったです。

③ きのう、銀行は　休みでした。

④ A：きのうは、いそがしかったですか。

　　B：いいえ、ひまでした。

やってみよう！

정답 별책 p.3

> 例　Q：きのうは　楽しかったですか。　　A：＿＿はい、楽しかったです＿＿。

1）Q：きのうは　雨でしたか。　　　　　A：＿＿＿＿＿＿＿＿＿＿＿＿＿＿。

2）Q：きのうは　いそがしかったですか。A：＿＿＿＿＿＿＿＿＿＿＿＿＿＿。

3）Q：晩ご飯は　何を　食べましたか。　A：＿＿＿＿＿＿＿＿＿＿＿＿＿＿。

4）Q：晩ご飯は　おいしかったですか。　A：＿＿＿＿＿＿＿＿＿＿＿＿＿＿。

5）Q：いつ　洗たくを　しましたか。　　A：＿＿＿＿＿＿＿＿＿＿＿＿＿＿。

10 ほしいです 갖고 싶습니다

どう使う？

「〜が ほしいです(〜을 갖고 싶습니다)」는 자신이 어떤 것을 갖고 싶거나 원할 때 사용한다. 다른 사람의 희망을 나타낼 때에는 사용하지 않는다.

N ＋ が ＋ ほしいです

> ！
>
> 「〜が ほしいです(〜을 갖고 싶습니다)」는 동작(동사)에는 사용하지 않는다.
>
> ねますが ほしいです。 ⇒ ○ ねたいです。

24. 読みたいです

① 私は 新しい パソコンが ほしいです。
② A：今、何が いちばん ほしいですか。
　 B：車が いちばん ほしいです。

やってみよう！

정답 별책 P.3

1) Q：犬が ほしいですか。　　　　　　A：＿＿＿＿＿＿＿＿＿＿＿＿＿。
2) Q：今、何が いちばん ほしいですか。 A：＿＿＿＿＿＿＿＿＿＿＿＿＿。

1 「～が ほしいです(~을 갖고 싶습니다)」는 い형용사와 똑같이 형태가 바뀐다.

「ほしいです」「ほしくないです／ほしくありません」「ほしかったです」
갖고 싶습니다　　　　　갖고 싶지 않습니다　　　　　갖고 싶었습니다

「ほしくなかったです／ほしくありませんでした」
갖고 싶지 않았습니다

2 「ほしかったです(갖고 싶었습니다)」는 「ほしいです(갖고 싶습니다)」의 과거 표현으로, 원하는 것을 갖지 못해 안타까운 상황에서 자주 사용한다.

① 私は 子どもの とき 自転車が ほしかったです。

② 私は カメラが ほしかったです。でも、あの 店の カメラは 高かったですから、買いませんでした。

3 「ほしくないです(갖고 싶지 않습니다)」는 「ほしいです(갖고 싶습니다)」의 부정 표현이다. 강한 어조로 상대에게 실례가 될 수 있기 때문에 대신 「けっこうです(괜찮습니다)」를 사용하는 것이 좋다.

Ａ：コーヒー、飲みますか。

Ｂ：いいえ、~~ほしくないです~~。⇒ ○ いいえ、けっこうです。

4 「～が ほしいですか(~을 갖고 싶습니까?)」는 「ほしいです(갖고 싶습니다)」의 의문 표현이다. 상대에게 사용하면 실례가 될 수 있기 때문에 「いかがですか(어떠십니까?)」와 같은 표현을 사용하는 것이 좋다.

先生、お茶 ~~ほしいですか~~。⇒ ○ 先生、お茶 いかがですか。

3 きのうの 買い物 (2)

어제의 쇼핑 (2)

본문 해석 보기

できること

● 자신이 타고 온 교통수단에 대해 순서대로 말할 수 있다.

(🔊) 31

スミス：その 辞書、どこで 買いましたか。

リ　ン：新宿で 買いました。

スミス：新宿まで どうやって 行きましたか。

リ　ン：森下駅まで 行って、
　　　　地下鉄に 乗りました。

スミス：森下駅まで バスで 行きましたか。

リ　ン：いいえ、自転車で 行きました。

　　　　スミスさんは きのう **どこか** 行きましたか。

スミス：いいえ。私は **どこへも** 行きませんでした。

活用練習 | 동사 활용 연습

◎ 동사 구분

Ⅰ그룹 동사	Ⅱ그룹 동사	Ⅲ그룹 동사
동사「イ-ます」 か**き**ます ぬ**ぎ**ます はな**し**ます た**ち**ます **し**にます あそ**び**ます よ**み**ます かえ**り**ます **い**います	동사「エ-ます」 （電話を）か**け**ます み**せ**ます **で**ます **ね**ます た**べ**ます い**れ**ます 동사「イ-ます」 **い**ます で**き**ます （服を）**き**ます あ**び**ます お**り**ます か**り**ます	（学校へ）きます します N＋します 勉強します さんぽします 練習します 洗たくします

「エ-ます」처럼 ます 앞에 エ단이 오면 Ⅱ그룹 동사이다.
「イ-ます」처럼 ます 앞에 イ단이 오면 대부분 Ⅰ그룹이지만, 일부 Ⅱ그룹 동사도 해당한다.

「イ-ます」 「エ-ます」

あいうえお
かきくけこ
がぎぐげご
さしすせそ
たちつてと
なにぬねの
ばびぶべぼ
まみむめも
らりるれろ
わいうえを

やってみよう！

정답 별책 P.3

例 ひきます（ Ⅰ ）

1) とります（　　）　　2) わすれます（　　）　　3) あります（　　）

4) つかいます（　　）　　5) たべます（　　）　　6) のります（　　）

7) おります（　　）　　8) こたえます（　　）　　9) います（　　）

10) はなします（　　）　　11) けっこんします（　　）

12) （電話を）かけます（　　）　　13) いいます（　　）

14) （7時に）おきます（　　）　　15) ねます（　　）

16) （学校へ）きます（　　）　　17) （服を）きます（　　）

◎ 동사의 て형 (~하고, ~해서)

Ⅰ그룹 동사

ます형	て형
い**い**ます	いって
た**ち**ます	たって
かえ**り**ます	かえって
よ**み**ます	よんで
あそ**び**ます	あそんで
し**に**ます	しんで
か**き**ます	かいて
ぬ**ぎ**ます	ぬいで
*い**き**ます	*いって
はな**し**ます	はなして

Ⅱ그룹 동사

ます형	て형
み**ます**	みて
たべ**ます**	たべて

Ⅲ그룹 동사

ます형	て형
き**ます**	きて
し**ます**	して

やってみよう！

정답 별책 P.3

> **例** かきます （　かいて　）

1) あけます　（　　　　　）　　2) (学校へ) きます （　　　　　）

3) います　（　　　　　）　　4) およぎます　（　　　　　）

5) のります　（　　　　　）　　6) (朝) おきます　（　　　　　）

7) かります　（　　　　　）　　8) (学校へ) いきます（　　　　　）

9) はなします （　　　　　）　　10) 勉強します　（　　　　　）

11　駅まで 行って、… 　역까지 가서…

どう使う？

동사를 나열해서 말할 때 동사의 て형(～하고, ～해서)을 사용한다. 일의 순서를 말할 때에도 활용할 수 있다.

V-て　、…

① 毎朝 6時に 起きて、顔を 洗って、新聞を 読みます。
② 学校は 9時に 始まって、3時に 終わります。

> ! 과거문에서도 마찬가지로 동사의 て형을 사용한다.
>
> ① 今朝、5時に 起きて、さんぽしました。
> ② テストは 1時に 始まって、3時に 終わりました。

やってみよう！

정답 별책 P.3

> 例 きっぷを ___買って___、中へ 入りました。

1) 東京で しんかんせんに _____、大阪で 降ります。
2) 渡辺さんは めがねを _____、ぼうしを かぶりました。
3) 山田さんは 昼 _____、夜 学校へ 行きます。
4) 新宿で 友だちと 食事を _____、買い物を しました。
5) 図書館へ _____、本を 借りました。

> 働きます 買います 行きます します かけます 乗ります

12 バスで 行きました　버스로 갔습니다

どう使う？

「〜で(〜으로)」는 수단이나 방법을 나타내는 조사 표현으로, 주로 교통수단이나 도구와 같은 명사와 함께 사용한다.

N ＋ で

① 私は ふねで 沖縄へ 行きました。
② 日本語で 手紙を 書きました。
③ わからない ことばを 辞書で しらべました。

> **!**
>
> '걸어서'와 같이 도보를 수단으로 나타낼 때는 동사 「歩く(걷다)」를 「歩いて(걸어서)」로
> 바꾼다. 이때 「で」를 넣어서는 안 된다.
>
> 私は 毎日 歩いて ✕ 学校へ 行きます。
> ⇒ ○ 歩いて 学校へ 行きます。

やってみよう！

정답 별책 P.3

> | 例 | へ／で／学校 |
> |---|---|
> | | ⇒ 電車 で 学校へ _____ 行きます。 |

1) ホテル／バス／で／まで

⇒あの_____ 行きます。

2) スプーン／ケーキ／で／は

⇒この_____ 食べます。

3) 本／新しい／で／を

⇒インターネット_____ 注文しました。

1)

13 どこか 行きましたか　어딘가 다녀왔나요?

どう使う？

확실하게 특정할 수 없는 사람이나 사물, 장소 등을 말하고 싶을 때는 의문사에 「か(~인지, ~인
가)」를 붙인다.

의문사 ＋ か ＋ 조사

どこか	なにか	だれか
어딘가	무언가	누군가

8
〜
14

1 조사「が」「を」「へ」는 생략할 수 있다.

だれか（が）누군가(가)｜なにか（を）무언가(를)｜どこか（へ）어딘가(에)

2 그 외의 조사는 생략할 수 없다.

だれか**に** 누군가에게｜だれか**と** 누군가와

질문에는「はい(예)」「いいえ(아니오)」형태로 답한다.

Ａ：だれかに　あいましたか。

Ｂ：はい、さとうさんに　あいました。

① Ａ：さっき　だれか　来ましたよ。

Ｂ：あ、たぶん　山田さんでしょう。

② Ａ：鈴木さん、どこか　おいしい　レストランを　知って　いますか。

Ｂ：駅前の　イタリア料理の　レストランが　おいしいですよ。

③ Ａ：京都で　何か　買いましたか。

Ｂ：はい、きれいな　紙を　買いました。

④ Ａ：大阪で　だれかに　会いますか。

Ｂ：ええ、友だちに　会います。

やってみよう！

정답 별책 P.3

例 Ａ：教室に　（　だれか　）いますか。

　　Ｂ：はい、佐藤さんが　います。

１）Ａ：朝　（　　　　　　）食べましたか。

　　Ｂ：はい、パンを　食べました。

2）A：きのう　（　　　　　　）　行きましたか。

B：はい、図書館へ　行きました。

3）A：今日　（　　　　　　）　来ますか。

B：はい、田中さんが　来ます。

4）A：明日　京都へ　行きます。

B：そうですか。1人で　行きますか。（　　　　　　）いっしょに　行きま

すか。

A：友だちと　行きます。

14　どこへも　行きません　아무데도 가지 않습니다

どう使う？

「의문사 + も + 〜ない(〜도 〜하지 않다)」는 '전혀 〜아니다'라는 뉘앙스를 강조할 때 활용할 수
있다.

의문사　+　조사　+　も　+　〜ない

1 조사「が」와「を」는 생략한다.

だれ~~が~~も　⇒　○ だれも　아무도

なに~~を~~も　⇒　○ なにも　아무것도

2 조사「へ」는 생략해도 되고, 하지 않아도 된다.

どこ（へ）も　아무데도

3 그 외 다른 조사는 생략할 수 없다.

だれとも　누구와도　｜　だれにも　누구에게도

① A：私は　朝　パンを　食べました。佐藤さんは？

　　 B：私は　何も　食べませんでした。

② A：明日　どこか　行きますか。

　　 B：いいえ、どこも　行きません。

③ きのう、だれにも　会いませんでした。

やってみよう！

정답 별책 P.3

> 例　A：明日、だれか　来ますか。
>
> 　　 B：いいえ、（　　　　だれも　　　　）　来ませんよ。

1）A：朝、何か　飲みましたか。

　　 B：いいえ、（　　　　　　　　　　）　飲みませんでした。

2）A：デパートで　何か　買いましたか。

　　 B：いいえ、（　　　　　　　　　　）　買いませんでした。

3）A：日曜日、どこか　行きますか。

　　 B：いいえ、（　　　　　　　　　　）　行きません。

4）A：朝、だれかと　話しますか。

　　 B：いいえ、（　　　　　　　　　　）　話しません。

まとめの問題

文章の文法 <글의 문법>

[1] ～ [5] に 何を 入れますか。1・2・3・4から いちばん いい ものを
1つ えらんで ください。

> きのう、友だち [1] 新宿へ 行きました。うちから バスで 駅 [2]
> 行って、地下鉄に 乗りました。新宿 [3] 電子辞書と ケースを 買いま
> した。辞書は あまり [4] です。全部で 20,000円でした。それから、
> 友だちと 映画を [5] 、食事を しました。とても 楽しかったです。

[1]　1 に　　　　2 が　　　　3 と　　　　4 は

[2]　1 から　　　2 まで　　　3 で　　　　4 を

[3]　1 で　　　　2 は　　　　3 へ　　　　4 に

[4]　1 高い　　　2 高くない　3 高かった　4 高くなかった

[5]　1 見る　　　2 見た　　　3 見ない　　4 見て

聴解 <청해>

はじめに しつもんを きいて ください。 それから はなしを きいて、1から4の
なかから、ただしい こたえを 1つ えらんで ください。

[1]　　　　　　　　　　　　　　　　　　　　　　　　　　🔊 32

1　　　　　　　2　　　　　　　3　　　　　　　4

[2]　　　　　　　　　　　　　　　　　　　　　　　　　　🔊 33

1 男の 人が ボールペンを 買います。
2 女の 人が ボールペンを 買います。
3 男の 人が スーパーを 買います。
4 女の 人が スーパーを 買います。

50

4 上野の 町 (1)

우에노 지역 (1)

できること

● 상대에게 행동을 권유하거나 사람과 사물의 존재, 위치를 설명할 수 있다.

본문 해석 보기

🔊 34

山　田：スミスさん、今度の　日曜日、上野へ　行き**ませんか**。

スミス：上野は　どんな　ところですか。

山　田：おもしろい　ところです**よ**。

スミス：へえ。何が　ありますか。

山　田：駅の　**前**に　大きい　公園が　**あります**。
　　　　公園の　中に　びじゅつ館や　動物園などが　ありますよ。

スミス：そうですか。

山　田：パンダも　**います**よ。

スミス：いいですね。

山　田：じゃあ、今度の　日曜日に
　　　　行き**ましょう**。

15
〜
22

15　行き**ませんか**　가지 않을래요?

どう使う？

「〜ませんか(〜하지 않을래요?)」는 상대방에게 어떤 행동을 권유할 때 쓰는 표현이다.

V-ます ＋ ませんか

① A：今から　映画を　見ませんか。

　　B：ええ、いいですね。

② A：土曜日、テニスを　しませんか。

　　B：すみません。土曜日は　ちょっと……。

③ A：この　ケーキ、おいしいですよ。いっしょに　食べませんか。

　　B：ありがとうございます。いただきます。

やってみよう！

정답 별책 P.4

> 例　A：いい　天気ですね。外で　昼ご飯を　＿＿＿食べませんか＿＿＿。
>
> 　　B：ええ、いいですね。

1）A：あの　きっさ店で　コーヒーを　＿＿＿＿＿＿＿＿＿。

　　B：いいですね。

2）A：つかれましたね。少し　＿＿＿＿＿＿＿＿。

　　B：そうですね。

3）A：今日は　暑いですね。いっしょに　プールへ　＿＿＿＿＿＿＿。

　　B：ええ、いいですね。

4）A：私たちは　公園で　サッカーを　します。

　　　Bさんも　いっしょに　＿＿＿＿＿＿＿＿。

　　B：サッカーは　ちょっと……。

します　休みます　行きます　飲みます　~~食べます~~

📎 상대방에게 어떤 행동을 할 것인지 말 것인지를 물을 때는 「〜ますか(~해요?)」를 사용한다. 「〜ませんか(~하지 않을래요?)」는 함께 행동할 것을 제안하는 표현이다.

16 おもしろい ところですよ 흥미로운 곳이에요

どう使う？

「よ(~요, ~예요)」는 자신이 알고 있는 정보를 상대방에게 전달할 때 문장 끝에 붙여 사용한다.

① A：佐藤さんは どんな 人ですか。
   B：明るい 人ですよ。

② ほら、あそこに 鳥が いますよ。

③ あの レストランの カレー、おいしいですよ。
   今度 いっしょに 行きませんか。

やってみよう！

정답 별책 P.4

> 例 A：パーティーは 6時からですか。
>   B：いいえ、5時からです（ね・よ）。

1）A：いい 天気ですから、かさは いりませんね。
   B：今日は、午後から 雨が 降ります（ね・よ）。

2）A：明日は テストですから、えんぴつと けしゴムを 持ってきて
      ください。
   B：えんぴつと けしゴムです（ね・よ）。

3）A：これは 何ですか。
   B：日本の おかしです。おいしいです（ね・よ）。

☞ 8. 電子辞書ですね

どう使う？

사물이 있는 곳을 설명할 때는 기준이 되는 물건 뒤에 장소나 위치를 나타내는 표현을 붙여 말한다.

| 사물 | + の + | 장소/위치 |

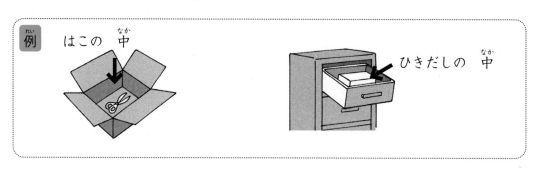

例 はこの 中

ひきだしの 中

テーブルの 上

はこの 中

はこの 外

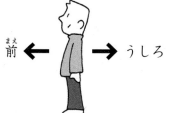

前 ← → うしろ

車の そば

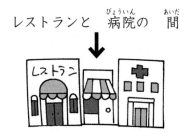

レストランと 病院の 間

木の 向こう

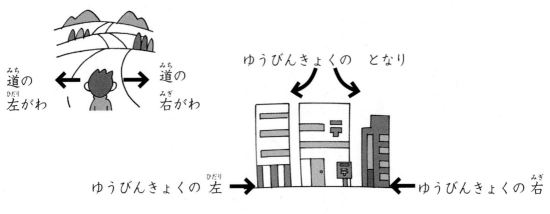

道の
左がわ ← → 道の
右がわ

ゆうびんきょくの　となり

ゆうびんきょくの　左 → 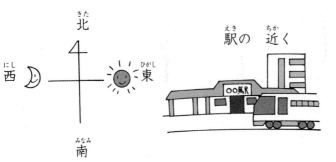 ← ゆうびんきょくの　右

北
西　東
南

駅の　近く

この　へん
ここ

15
〜
22

やってみよう！

정답 별책 p.4

例

1) 2)
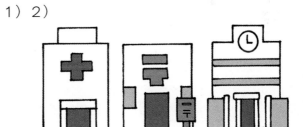

3)

4)

スミス

リン

5) 6)

7)

8)

例 かばんは いすの（ **1** 前 **2** 下 **3** 中 **4** ⓤ上 ）です。

1) 病院は ゆうびんきょくの（ **1** 右 **2** 左 **3** 向こう **4** 間 ）です。

2) ゆうびんきょくは 学校と 病院の（ **1** 間 **2** 前 **3** 中 **4** 左 ）です。

3) 犬は 木の（ **1** 下 **2** 上 **3** うしろ **4** 間 ）です。

4) リンさんは スミスさんの（ **1** 前 **2** うしろ **3** 下 **4** 左 ）です。

5) えんぴつは 本の（ **1** 間 **2** 中 **3** 上 **4** 下 ）です。

6) はさみは 本の（ **1** 間 **2** 中 **3** 上 **4** 下 ）です。

7) 高い ビルは 駅の（ **1** 上 **2** 向こう **3** となり **4** 前 ）です。

8) 神戸は 大阪の（ **1** 東 **2** 西 **3** 南 **4** 北 ）です。

18 公園が あります　공원이 있습니다

どう使う？

사람이나 사물이 어느 장소에 있는지 없는지, 그리고 어디에 있는지 말할 때 사용한다.

 사물이나 식물에는 「ある(있다)」를, 사람이나 동물에는 「いる(있다)」를 사용한다.

1 장소 に 물건 が あります。

① A：れいぞうこの 中に 何が ありますか。

B：牛乳や たまごなどが あります。

② A：はこの 中に 何か ありますか。

B：いいえ、何も ありません。

2 장소 に 사람/동물 が います。

① あそこに 山田さんが います。

② A：この 動物園に パンダが いますか。

B：いいえ、いません。

3 물건 は 장소 に あります。

① A：カメラは どこに ありますか。

B：かばんの 中に あります。

② A：かぎは どこですか。

B：テレビの 上に あります。

4 사람/동물 は 장소 に います。

① A：山田さんは どこに いますか。

B：あそこに います。

② A：ねこは どこですか。

B：木の 上に いますよ。

やってみよう！

1

例1 先生は 図書室に （　　います　　）。

例2 自転車の かぎは かばんの 中に （ あります ）。

1) A：学校の となりに 何が （　　　　　　　）か。

　　B：公園が （　　　　　　　）。

2) A：中村さんは どこですか。

　　B：今、ロビーに （　　　　　　　）。

3) A：ねこが いません。

　　B：つくえの 下に （　　　　　　　）よ。

4) A：こうばんは どこですか。

　　B：駅の 前に （　　　　　　　）。

5) A：すみません、えんぴつ……。

　　B：その 本の 間に （　　　　　　　）よ。

2

例 コンビニは、駅（　　の　　）中（　　に　　） ありますよ。

1) A：にわ（　　　　　） だれか いますか。

　　B：はい、佐藤さん（　　　　　） います。

2) A：先生（　　　　） どこ（　　　　　） いますか。

　　B：教室（　　　　　） います。

3) A：そこ（　　　　） 何か ありますか。

　　B：いいえ、何（　　　　　） ありません。

4) A：かさ（　　　　） どこ（　　　　　） ありますか。

　　B：かばん（　　　　） 中です。

19 行きましょう 갑시다

どう使う？

「～ましょう(～合しましょう)」는 다른 사람에게 어떤 행동을 함께하도록 호소할 때 사용하는 표현이다.

V-ます + ましょう

① 9時ですよ。仕事を 始めましょう。

② A：もう 5時ですよ。

　 B：そうですね。じゃ、終わりましょう。

③ A：晩ご飯、どうしますか。

　 B：あの レストランで 食べましょう。

15
〜
22

「～ませんか」と「～ましょう」

상대방의 의향을 물을 때는 「～ませんか(～하지 않을래요?)」를 사용한다. 어떤 일을 하기로 이미 결정했거나 상대에게 어떤 행동을 하도록 호소할 때는 「～ましょう(～合시다)」를 사용한다.

やってみよう！

정답 별책 P.4

例	A：つかれましたね。少し 休みませんか 。
	B：そうですね。じゃ、ちょっと 休みましょう 。

1）A：土曜日 いっしょに 映画を ＿＿＿＿＿＿。

　 B：ええ、いいですね。

　 A：何時に どこで 会いますか。

　 B：じゃ、9時に 駅で ＿＿＿＿＿＿。

2）A：いい 天気ですね。外で 昼ご飯を ＿＿＿＿＿＿。

　 B：ええ、いいですね。じゃ、あそこの 公園へ ＿＿＿＿＿＿。

会います 行きます 休みます 見ます 食べます

☞15. 行きませんか

4 上野の 町 (2)

うえの まち

우에노 지역 (2)

본문 해석 보기

できること

● 장소의 상태나 특징을 설명할 수 있다.

🔊 35

スミス：ここが　上野ですね。

山　田：ええ、そうですよ。

スミス：あそこに　人が　たくさん　いますね。

山　田：あそこは「アメ横」**という**　ところです。

スミス：へえ。「アメ横」……？

山　田：「アメ横」**は**　安い　店**が**　多いですよ。

スミス：どんな　店が　ありますか。

山　田：食べ物や　洋服などの　店が　あります。

　　　　食べ物は　安**くて**　おいしいですよ。

スミス：へえ。いいですね。

---

20 「アメ横」**という**　ところ '아메요코'라고 하는 곳

どう使う？

「A　という　B(A라고 하는 B)」는 듣는 사람이 잘 모르는 인물이나 사물, 장소의 명칭을 말할 때 사용하는 표현이다. 말하는 사람이 모르는 경우에도 사용한다.

말하는 사람과 듣는 사람 모두 잘 알고 있는 것에 대해서는 사용하지 않는다.

富士山 ~~という~~ 山に のぼりたいです。

⇒ ◯ 富士山に のぼりたいです。

① 「わさび」 という 食べ物を 知って いますか。
② 私は 長野の 「戸隠」 という ところで 生まれました。
③ 「トマト銀行」 という 銀行は どこに ありますか。
④ 「小林さん」 という 人が 来ました。

15
〜
22

やってみよう！

정답 별책 P.4

例 私は 先週 （ 大山 ） という ところへ 行きました。

1） 私は （   ） という 町で 生まれました。
2） 私は （   ） という 学校で 勉強しました。
3） 私の 国の 有名な （   ） という 人を 知って いますか。
4） 私の 友だちは、今 （   ） という 学校で 勉強して

います。

21 「アメ横」は 安い 店が 多いです
'아메요코'는 저렴한 가게가 많습니다

どう使う？

「Aは Bが 〜(A는 B가 〜)」는 A 전체 가운데 B라는 부분적인 특징을 말할 때 사용하는 표현이다.

① あの 人は 目が 大きいです。
② 鈴木さんは ピアノが 上手です。
③ この 川は 水が きれいですね。
④ この 本は えが 多いです。

①

やってみよう！

> 例 私の 父は （ せ ） が （ 高い ） です。

1) 私の 母は （　　　　　） が （　　　　　　） です。
2) 私の 学校は （　　　　　） が （　　　　　　） です。
3) 私の 国は （　　　　　　） が （　　　　　　） です。

22 安くて おいしいです 저렴하고 맛있습니다

どう使う？

형용사나 명사를 두 개 이상 나열해서 말할 때는 て형(~하고, ~해서)을 사용한다. 과거에 일어난 일을 말할 때에도 て형을 사용해서 연결한다.

	정중형	て형
い형용사	おおき**いです** ＊**いいです**	おおき**くて** ＊**よくて**
	おおき**くないです**	おおき**くなくて**
な형용사	しずか**です**	しずか**で**
	しずかじゃ**ありません**	しずかじゃ**なくて**
명사	あめ**です**	あめ**で**
	あめじゃ**ありません**	あめじゃ**なくて**

① 山田さんは 明るくて 親切な 人です。

② A：ここは けしきが きれいで しずかな
　　　ところですよ。
　　B：そうですか。

③ リンさんは 大学1年生で、去年 日本へ
　来ました。

④ きのう、渡辺さんの うちへ 行きました。
　渡辺さんの うちは、広くて きれいでした。

> ❗ 상반되는 의미의 문장을 하나로 연결해서 쓰는 경우에는 て형을 사용하지 않는다. て형은
> '긍정적인 의미 + 긍정적인 의미', '부정적인 의미 + 부정적인 의미'일 때 사용한다.
>
> 鈴木さんの　うちは、~~せまくて　きれい~~です。
>
> ⇒ ○ 鈴木さんの　うちは、せまいですが　きれいです。

やってみよう！

 정답 별책 p.4

> 例　この　部屋は ___広くて___ きれいです。
> 　　この　部屋は ___広いですが___ 古いです。

15
〜
22

1) ゾウは　はなが _____ 耳が　大きいです。　1)

2) この　カメラは _____ 軽いです。

3) パーティーは _____ 楽しかったです。

4) 今日は5月 _____、こどもの　日です。

5) あの　レストランは _____、店の　人が　親切じゃありません。

おいしいです　~~広いです~~　小さいです　にぎやかです　長いです

5日です

まとめの問題

정답 별책 P.10

文章の文法 <글의 문법>

> 日曜日、山田さんと 上野へ 行きました。上野は にぎやか 　1　 おもしろい
> ところでした。
> 駅の 前に 大きい 公園が あって、公園の 中に びじゅつ館や 動物園などが
> ありました。
> 駅の 近くに 「アメ横」 　2　 ところが ありました。アメ横には 人が
> たくさん 　3　 。食べ物や 洋服などの 店が たくさん ありました。
> 私は おかしを 買いました。 　4　 おいしい おかしでした。

もんだい1

　1　 ～ 　4　 に 何を 入れますか。1・2・3・4から いちばん いい ものを
1つ えらんで ください。

1	**1** と	**2** て	**3** が	**4** で

2	**1** から	**2** ぐらい	**3** という	**4** や

3	**1** 買いました	**2** いました	**3** ありました	**4** 会いました

4	**1** 安くて	**2** 安いです	**3** 安かった	**4** 安かったです

もんだい2

1から4の なかから ただしい こたえを 1つ えらんで ください。

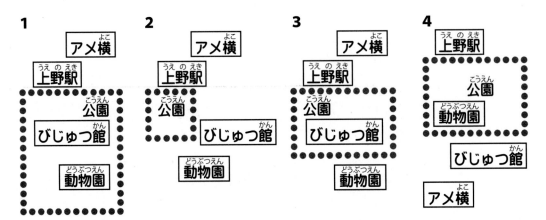

聴解 ^{ちょう かい} <청해>

もんだい 1

はじめに　しつもんを　きいて　ください。それから　はなしを　きいて、1から4の
なかから、ただしい　こたえを　1つ^{ひと}　えらんで　ください。

1　　　　　　　　　　　　　　　　　　　　　　　　　　🔊 36

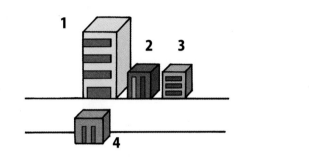

2　　　　　　　　　　　　　　　　　　　　　　　　　　🔊 37

1 ご両親^{りょうしん}は　北京^{ペキン}に　います。

2 みんな　北京^{ペキン}に　います。

3 ご両親^{りょうしん}は　ニューヨークに　います。

4 みんな　ニューヨークに　います。

もんだい 2

この　もんだいでは　えなどが　ありません。まず、ぶんを　きいて　ください。
それから、その　へんじを　きいて、1から3の　なかから、いちばん　いい　ものを
1つ^{ひと}　えらんで　ください。

1　　**1**　　　**2**　　　**3**　　　　　　　　　　　🔊 38

2　　**1**　　　**2**　　　**3**　　　　　　　　　　　🔊 39

5 まんが（1）
만화 (1)

できること

● 좋아하는 것이나 취미에 대해 말할 수 있다.

본문 해석 보기

🔊 40

山田：スミスさん、日本語が　上手に　なりましたね。

スミス：ありがとうございます。

でも、日本語で　まんがが　読みたいですから、

もっと　上手に　なりたいです。

山田：そうですか。どんな　まんがが　好きですか。

スミス：何でも　好きです。

山田：へえ。じゃあ、8月15日に　まんがの　てんらん会を

見に　行きませんか。

スミス：え？　まんがの　てんらん会ですか。

山田：ええ。兄に　チケットを　2まい　もらいましたから。

23　上手に なりました　잘하게 되었습니다

どう使う？

「〜く／に なります(〜해지다/〜하게 되다)」는 어떤 상태가 자연스럽게 변화함을 말할 때 사용한다.

いA̶い̶く ┐
なA に　┤　＋ なります
N に　　┘

 いい→よく

① あたたかく　なりましたね。もう　春ですね。
② まだ　日本語が　上手に　なりません。
③ 今日は　午後から　雨に　なります。

やってみよう！

정답 별책 P.4

例　映画が　＿好きに＿　なりました。

1）天気が　＿＿＿＿＿＿　なりました。

2）もう　＿＿＿＿＿＿　なりましたから、ねましょう。

3）来月　地下鉄が　できますから、＿＿＿＿＿　なります。

4）にわの　さくらの　木が　＿＿＿＿＿　なりました。

大きいです　いいです　好きです　10時です　便利です

 Plus

〜く／に します

「〜く／に します(~하게 합니다, ~로 합니다)」는 자신의 의지로 상태를 변화시킬 때 사용한다.

① ストーブを　つけて、部屋を　あたたかく　しましょう。
② つくえの　上を　きれいに　しました。
③ この　魚を　さしみに　して　食べましょう。

やってみよう！

例 字が 小さいですから、___大きくして___ ください。

1) 部屋が きたないですね。＿＿＿＿＿＿＿ ましょう。

2) このズボン、ちょっと 長いですから、＿＿＿＿＿＿ ください。

3) 会議の 時間を ＿＿＿＿＿＿＿ ました。

4) ちょっと うるさいですよ。＿＿＿＿＿＿ ください。

きれいです　1時です　みじかいです　しずかです　~~大きいです~~

24 読みたいです　읽고 싶습니다

どう使う？

「～たいです(～하고 싶습니다)」는 요구나 희망을 이야기하고자 할 때 사용한다.

V-ます ＋ たいです

조사는 「が」 혹은 「を」를 사용한다.

① A：何が 食べたいですか。
　 B：ベトナム料理が 食べたいです。
② A：日曜日、何を したいですか。
　 B：映画を 見たいです。

やってみよう！

例 私は 牛乳が ___飲み___たいです。

1) 私は 花の 写真を ＿＿＿＿＿たいです。

２）いい 天気の 日は、外で ご飯を ＿＿＿＿＿たいです。

３）私は 広い 家に ＿＿＿＿＿たいです。

４）私は 富士山に ＿＿＿＿＿たいです。

とります 住みます 食べます のぼります 飲みます

---

1 「～たいです（~하고 싶습니다）」는 い형용사와 동일하게 형태가 바뀐다.

「～たいです」「～たくないです／～たくありません」「～たかったです」
　~하고 싶습니다　　　　　　　　~하고 싶지 않습니다　　　　　　　~하고 싶었습니다
「～たくなかったです／～たくありませんでした」
　~하고 싶지 않았습니다

2 「～たかったです（~하고 싶었습니다）」는 하고 싶은 일을 못 해서 아쉬운 기분이 들었을 때 사용하는 경우가 많다.

① 私は ラーメンが 食べたかったです。

　でも、レストランに ラーメンが ありませんでした。

② 私は 子どもの とき、ピアノを 習いたかったです。

3 「～たくないです（~하고 싶지 않습니다）」는 강한 어조로 상대에게 실례가 될 수 있기 때문에 주의가 필요하며,「すみません。～はちょっと……（죄송합니다. ~은 좀 ……)」와 같은 표현을 사용하는 것이 좋다.

Ａ：いっしょに 映画を 見ませんか。

Ｂ：~~見たくないです。~~ ⇒ ○ すみません。映画は ちょっと……。

4 「～たいですか（~하고 싶습니까?)」라고 상대에게 물으면 실례가 될 수 있으므로 주의가 필요하며,「～はいかがですか（~은 어떠십니까?)」와 같은 표현을 사용하는 것이 좋다.

先生、お茶 ~~飲みたいですか。~~ ⇒ ○ 先生、お茶 いかがですか。

25 読みたいですから、… 읽고 싶으니까…

どう使う？

「〜から、… (〜니까…)」는 원인이나 이유를 설명할 때 사용하는 표현이다. 이때 원인·이유는 から의 앞부분에 온다.

① 外は 寒い ですから、コートを 着て ください。
② 来月 外国へ 行きますから、大きい かばんを 買いました。
③ A：夏休み、どうしますか。
　 B：京都へ 行きたいです。古い 町が 好きですから。

やってみよう！

정답 별책 P.5

> 例 もう 12時ですから、昼ご飯を 食べましょう。

例 もう 12時です　・　　　　　　　　　・ たくさん 食べました。

1) 時間が ありません・　　　　　　　　・ 朝 早く 起きます。

2) 旅行に 行きます　・　　　　　　　　・ 昼ご飯を 食べましょう。

3) おいしかったです　・　　　　　　　　・ 買い物に 行きたくないです。

4) 寒いです　　　　　・　　　　　　　　・ 急ぎましょう。

26 まんがが 好きです 만화를 좋아합니다

どう使う？

「〜が 好きです(〜을 좋아합니다)」는 마음에 드는 것을 말할 때 사용하는 표현이다. 「好き」는 동사가 아니라 な형용사이다.

N ＋ が ＋ すきです

① 私は 犬が 好きです。
② 私は この 本が 好きです。
③ 私は 勉強が あまり 好きじゃありません。

> **例**　Q：野菜が　好きですか。　　　　A：＿＿いいえ、好きじゃありません＿＿。

1）Q：スポーツが　好きですか。　　　A：＿＿＿＿＿＿＿＿＿＿＿＿＿＿＿。
2）Q：どんな　食べ物が　好きですか。A：＿＿＿＿＿＿＿＿＿＿＿＿＿＿＿。
3）Q：どんな　色が　好きですか。　　A：＿＿＿＿＿＿＿＿＿＿＿＿＿＿＿。

27　見に　行きませんか　보러 가지 않을래요?

どう使う？

「～に　行きます(～하러 갑니다)」는 어떤 장소에 가는 목적을 나타낸다. 「～に　来ます(～하러 옵니다)」「～に　帰ります(～하러 돌아갑니다/돌아옵니다)」 또한 동일하게 사용한다.

```
V-ます ┐                 ┌ いきます
        │ ＋ に ＋ │ きます
N ──────┘                 └ かえります
```

① 北海道へ　スキーに　行きました。
② 図書館へ　本を　返しに　行きます。
③ うちへ　昼ご飯を　食べに　帰りました。
④ 日本へ　日本語の　勉強に　来ました。

> **例**　八百屋へ　野菜を　＿＿＿買い＿＿＿に　行きます。

1）ゆうびんきょくへ　手紙を　＿＿＿＿＿＿に　行きます。
2）日本へ　＿＿＿＿＿＿に　来ました。
3）映画館へ　映画を　＿＿＿＿＿＿に　行きます。
4）公園へ　＿＿＿＿＿＿に　行きます。

買います　出します　見ます　旅行　さんぽ

23
〜
28

カレンダー | 달력

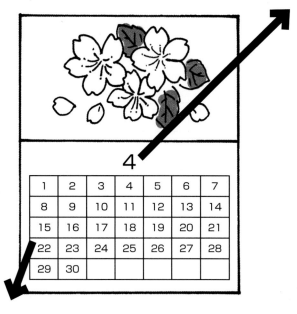

1	2	3	4	5	6	7
8	9	10	11	12	13	14
15	16	17	18	19	20	21
22	23	24	25	26	27	28
29	30					

4

〜月(월)

1	いちがつ
2	にがつ
3	さんがつ
4	**し**がつ
5	ごがつ
6	ろくがつ
7	**しち**がつ
8	はちがつ
9	**く**がつ
10	じゅうがつ
11	じゅういちがつ
12	じゅうにがつ
?	なんがつ

〜日(일)

1 ついたち	2 ふつか	3 みっか	4 よっか	5 いつか	6 むいか	7 なのか
8 ようか	9 ここのか	10 とおか	11 じゅういちにち	12 じゅうににち	13 じゅうさんにち	14 じゅう**よっか**
15 じゅうごにち	16 じゅうろくにち	17 じゅう**しち**にち	18 じゅうはちにち	19 じゅう**く**にち	20 はつか	21 にじゅういちにち
22 にじゅうににち	23 にじゅうさんにち	24 にじゅう**よっか**	25 にじゅうごにち	26 にじゅうろくにち	27 にじゅう**しち**にち	28 にじゅうはちにち
29 にじゅう**く**にち	30 さんじゅうにち	31 さんじゅういちにち	? なんにち			

5 まんが (2)
만화 (2)

本문 해석 보기

できること

● 가족이나 취미에 대해 말할 수 있다.

🔊 41

スミス：お兄さんも　まんがが　好きですか。

山　田：ええ、兄の　しゅみは　まんがを

　　　　かく **こと**です。

　　　　兄も　行きますから、いっしょに

　　　　行きましょう。

スミス：はい、ぜひ　行きたいです。

山　田：じゃあ、8時に　駅で……。

スミス：わかりました。

23
〜
28

活用練習 | 동사 활용 연습

◎ 동사의 사전형

I 그룹 동사

ます형	사전형
かきます	かく
ぬぎます	ぬぐ
はなします	はなす
たちます	たつ
しにます	しぬ
あそびます	あそぶ
よみます	よむ
かえります	かえる
いいます	いう

ます형 → 사전형

あ い う え お
か き く け こ
が ぎ ぐ げ ご
さ し す せ そ
た ち つ て と
な に ぬ ね の
ば び ぶ べ ぼ
ま み む め も
ら り る れ ろ
わ い う え を

Ⅱグループ動詞	
ます形	사전형
たべ**ます**	たべ**る**
ね**ます**	ね**る**
おき**ます**	おき**る**
み**ます**	み**る**

Ⅲグループ動詞	
ます形	사전형
きます	**くる**
します	**する**

やってみよう！

정답 별책 P.5

> **例** あらいます（　　あらう　　）

1）あびます（　　　　　　　）　　　2）旅行します（　　　　　　　）

3）およぎます（　　　　　　　）　　4）います（　　　　　　　）

5）かえります（　　　　　　　）　　6）もちます（　　　　　　　）

7）やすみます（　　　　　　　）　　8）ききます（　　　　　　　）

9）はなします（　　　　　　　）　　10）あそびます（　　　　　　　）

28　まんがを かく ことです　만화를 그리는 것입니다

どう使う？

동사 사전형에 「こと(것, 일)」를 붙이면 동사를 명사화할 수 있다.

V-る ＋ こと

① 山田さんの しゅみは 写真を とる ことです。

② 私は 歩く ことが 好きです。

やってみよう！

정답 별책 P.5

> **例** 私の しゅみは 本を ___読む___ ことです。

1）佐藤さんは 海で _____ ことが 好きです。

2）鈴木さんの しゅみは 旅行を _____ ことです。

3) 日本語で ＿＿＿＿＿＿＿ ことは　むずかしいですが、おもしろいです。

4) 私は　おいしい　料理を ＿＿＿＿＿＿＿ ことが　好きです。

読みます　話します　泳ぎます　します　食べます

家族の よび方 ｜ 가족 호칭

23
〜
28

◎ 私の 家族 <나의 가족>

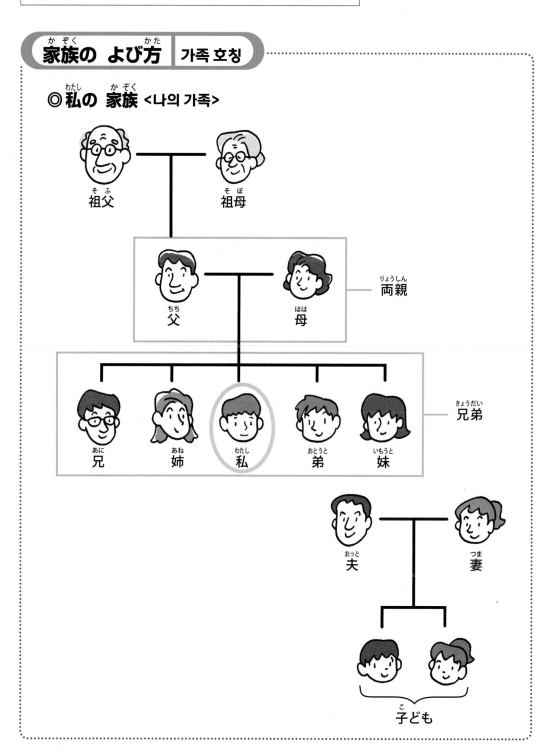

祖父　　祖母

両親
ちち　　はは
父　　母

兄弟
あに　　あね　　わたし　　おとうと　　いもうと
兄　　姉　　私　　弟　　妹

おっと　　つま
夫　　妻

こ
子ども

◎ 山田さんの ご家族 <야마다 씨의 가족>

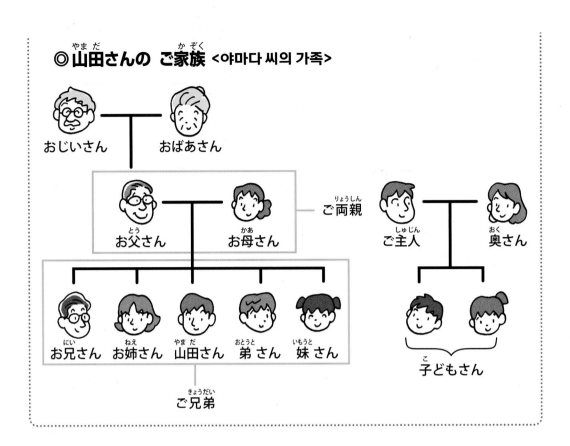

おじいさん　　おばあさん

お父さん　　お母さん　　ご両親

ご主人　　奥さん

お兄さん　お姉さん　山田さん　弟 さん　妹 さん

ご兄弟

子どもさん

時間 | 시간

	～時(~시)	～分(~분)
1	いちじ	**いっぷん**
2	にじ	にふん
3	さんじ	**さんぷん**
4	**よじ**	**よんぷん**
5	ごじ	ごふん
6	ろくじ	**ろっぷん**
7	**しちじ**	ななふん
8	はちじ	**はっぷん**
9	**くじ**	きゅうふん
10	じゅうじ	**じゅっぷん**
11	じゅういちじ	
12	じゅうにじ	
?	なんじ	**なんぷん**

まとめの問題

정답 별책 p.10

文章の文法 <글의 문법>

1 ～ 4 に 何を 入れますか。1・2・3・4から いちばん いい ものを
1つ えらんで ください。

私は まんが 1 好きです。日本語で まんがが 読みたいですから、

日本語が もっと 2 。

日曜日、山田さんと まんがの てんらん会を 3 行きます。山田さんは

お兄さんに チケットを 4 もらいましたから、私も いっしょに

行きます。とても 楽しみです。

| 1 | **1** を | **2** に | **3** と | **4** が |

| 2 | **1** 上手に なりました | | **2** 上手に なりたいです |
| | **3** 上手です | | **4** 上手に 読みました |

| 3 | **1** 見に | **2** 見て | **3** 見 | **4** 見る |

| 4 | **1** 2こ | **2** 2ほん | **3** 2だい | **4** 2まい |

聴解 <청해>

はじめに しつもんを きいて ください。 それから はなしを きいて、1から4の
なかから、ただしい こたえを 1つ えらんで ください。

1　　**1** 男の 人と 病院へ 行きます。　　🔊 42
　　2 男の 人と サッカーをします。
　　3 サッカーを 見に 行きます。
　　4 テレビで サッカーを 見ます。

2　　**1** 人が 多いですから　　**2** つかれますから　　🔊 43
　　3 暑く なりましたから　　**4** すずしいですから

본문 해석 보기

できること

● 자신 혹은 다른 사람이 현재 무엇을 하고 있는지에 대해 설명할 수 있다.
● 상대에게 어떤 행동을 부탁할 수 있다.

🔊 44

山田：リンさ～ん。こっち、こっちですよ。

リン：あ、山田さん。キムさんは？

山田：キムさんは 今 あそこの 店で
　　　買い物を して います。
　　　私たちも 行きましょう。

リン：ちょっと 待って ください。
　　　私は チェックインしてから 行きます。
　　　山田さんは 先に 行って ください。

山田：じゃあ、あの店で 待って いますね。

29 買い物を して います　쇼핑을 하고 있습니다
　　か　もの

どう使う？

「～て います(～하고 있습니다)」는 어떤 동작이 진행 중인 것을 말할 때 사용한다.

V-て ＋ います

① A：小林さんは どこですか。
　　こばやし
　 B：小林さんは あそこで 本を 読んで いますよ。
　　こばやし　　　　　　　　　ほん　よ

② 佐藤さんは ゲームを して います。

③ A：もしもし、今、そちらは 雨が 降って いますか。

　　B：いいえ、降って いませんよ。いい 天気です。

やってみよう！

정답 별책 P.5

1

例 コーヒーを ＿＿飲んで＿＿ います。

1）今、鈴木さんは ピアノを ＿＿＿＿＿＿ います。

2）山田さんは 電話で 友だちと ＿＿＿＿＿＿ います。

3）佐藤さんは 歌を ＿＿＿＿＿＿ います。

4）高橋さんは テレビを ＿＿＿＿＿＿ います。

5）チンさんは 料理を ＿＿＿＿＿＿ います。

飲みます 歌います 作ります ひきます 見ます 話します

2

例 キムさんは りんごを （ 食べて ） います。

1）タンさんは 新聞を （　　　　　） います。

2）佐藤さんは スケートを （　　　　　） います。

3）鈴木さんは 写真を （　　　　　） います。

4）スミスさんは リンさんと （　　　　　） います。

5) 高橋さんは　木の　下で　（　　　　　）います。

「～て　います(~하고 있습니다)」는 동작의 진행 이외에 습관적인 일이나 직업을 설명할 때도 사용한다.

① 私は　毎朝、牛乳を　飲んで　います。
② 姉は　北海道に　住んで　います。
③ 父は　銀行で　働いて　います。

30 待って　ください　기다려 주세요

どう使う？

「～て　ください(~해 주세요)」는 다른 사람에게 무언가를 부탁하거나 권유할 때 쓰는 표현이다.

V-て + ください

① すみません。けしゴムを　かして　ください。
② 私の　家へ　遊びに　来て　ください。
③ どうぞ　ここに　すわって　ください。

정중하게 부탁하고자 할 때는 「～て　ください(~해 주세요)」가 아니라 「～て　ください ませんか(~해 주시지 않겠습니까?)」라고 말한다.

① いっしょに　高橋さんの　会社へ　行って　くださいませんか。
② すみませんが、ちょっと　手伝って　くださいませんか。

やってみよう！

정답 별책 P.5

| 例 | ちょっと　___立って___　ください。 |

1) 明日　10時に　ここへ　_____　ください。

2）鈴木さん、好きな 歌を ＿＿＿＿＿＿＿＿ くださいませんか。

3）家族の 写真を ＿＿＿＿＿＿＿ ください。

4）すみません、この 荷物を ＿＿＿＿＿＿＿＿ くださいませんか。

5）ことばを たくさん ＿＿＿＿＿＿＿ ください。

来ます 持ちます 立ちます おぼえます 歌います 見せます

---

31 チェックインしてから、… 체크인하고 나서…

どう使う？

「～てから、…（～하고 나서…）」는 일의 순서를 나타낼 때 사용하는 표현이다. 또한 먼저 하는 동작을 강조할 때에도 사용한다.

V-て ＋ から

① 毎晩 おふろに 入ってから ねます。

② うちへ 帰って、少し 休んでから、宿題を します。

③ この 野菜は 切ってから、洗って ください。

④ 先に 体を 洗ってから、おんせんに 入って ください。

やってみよう！

정답 별책 P.6

例 宿題を ＿＿して＿＿ から、テレビを 見ます。

1）電話を ＿＿＿＿＿＿＿ から、友だちの 家へ 行きます。

2）映画を ＿＿＿＿＿＿＿ から、お茶を 飲みました。

3）手を ＿＿＿＿＿＿＿ から、ご飯を 食べましょう。

4）問題を よく ＿＿＿＿＿＿＿ から、答えを 書きましょう。

5）少し ＿＿＿＿＿＿＿ から、出かけましょう。

します 休みます 洗います かけます 見ます 読みます

6 空港で (2)

くうこう

공항에서 (2)

본문 해석 보기

できること

● 상대방에게 무언가를 하지 않도록 부탁하는 표현을 익힐 수 있다.

🔊 45

店員 : いらっしゃいませ。
てんいん

リン : すみません。これと その 赤いの、ください。
                                あか

店員 : はい、ありがとうございます。
てんいん

リン : これは、ふくろに 入れて ください。

   それは 入れ**ないで ください**。すぐ 使いますから。
                                                つか

店員 : はい、わかりました。
てんいん

山田 : リンさん、**早く** 行きましょう。あと 10分ですよ。
やまだ   はや   ぶん

リン : すみません。すぐ 行きます。

活用練習 | 동사 활용 연습

◎ 동사의 ない형 (~하지 않다)

Ⅰ그룹 동사

사전형	ない형
か**く**	かか**ない**
ぬ**ぐ**	ぬが**ない**
はな**す**	はなさ**ない**
た**つ**	たた**ない**
し**ぬ**	しな**ない**
あそ**ぶ**	あそば**ない**
よ**む**	よま**ない**
かえ**る**	かえら**ない**
*い**う**	*い**わ**ない**

ない형 ← → 사전형

あ	い	う	え	お
か	き	く	け	こ
が	ぎ	ぐ	げ	ご
さ	し	す	せ	そ
た	ち	つ	て	と
な	に	ぬ	ね	の
ば	び	ぶ	べ	ぼ
ま	み	む	め	も
ら	り	る	れ	ろ
わ	い	う	え	を

💡「ある(있다)」의 ない형은 「ない(없다)」이며 「あらない(×)」라고 하지 않는다.

Ⅱ그룹 동사

사전형	ない형
たべ**る**	たべ**ない**
ね**る**	ね**ない**
おき**る**	おき**ない**
み**る**	み**ない**

Ⅲ그룹 동사

사전형	ない형
くる	**こない**
する	**しない**

29
〜
33

やってみよう！

정답 별책 P.6

例	のむ （ のまない ）

1) およぐ （　　　　　） 　　 2) だす （　　　　　）

3) のる （　　　　　） 　　 4) もつ （　　　　　）

5) よむ （　　　　　） 　　 6) すう （　　　　　）

7) ならぶ （　　　　　） 　　 8) はく （　　　　　）

9) あびる （　　　　　） 　　 10) くる （　　　　　）

32 入れないで ください 넣지 마세요

どう使う？

「～ないで ください (～하지 마세요)」는 상대방에게 어떤 행동을 하지 않도록 부탁할 때 사용한다.

V-ない ＋ ないで ください

① ここで およがないで ください。

② テストですから、本を 見ないで ください。

③ 心配しないで ください。

동사가「～ない」의 형태일 때는, 조사「は」를 사용하는 경우가 많다.

① ここでは、およがないで ください。

② テストですから、本は 見ないで ください。

やってみよう！

정답 별책 p.6

例 この ケーキは ___食べないで___ ください。

1) まだ うちへ ＿＿＿＿＿＿＿ ください。

2) 夜は ピアノを ＿＿＿＿＿＿＿ ください。

3) へたな えですから、ほかの 人に ＿＿＿＿＿＿＿ ください。

4) 明日は 試験が ありますから、学校を ＿＿＿＿＿＿＿ ください。

5) 日本語の 教室では 中国語で ＿＿＿＿＿＿＿ ください。

話します 練習します 見せます 帰ります 休みます 食べます

どう使う？

「大きく 書く(크게 쓰다)」「しずかに 歩く(조용히 걷다)」 등 형용사를 활용해서 동작을 좀 더 자세하게 설명하고자 할 때는 「大きく(크게)」「しずかに(조용히)」와 같이 끝을 부사의 형태로 바꿔 동사 앞에 접속한다.

いA い く ┐
なA に ┘ ＋ 동사

① 先生は 漢字を 大きく 書きます。
② あの 学生は いつも おそく 来ます。
③ 佐々木さんは 毎朝 元気に 走って います。
④ 部屋を きれいに そうじします。

やってみよう！

정답 별책 P.6

> | 例 | ちょっと 古いですから、＿＿＿安く＿＿＿ 売ります。 |

1) 友だちの カメラですから、＿＿＿＿＿＿ 使います。
2) 病院では ＿＿＿＿＿＿ 歩きます。
3) 紙を ＿＿＿＿＿＿ 切りました。
4) つかれましたから、今日は ＿＿＿＿＿＿ ねます。

早いです 大切です 小さいです 安いです しずかです

時間の長さ | 시간의 길이

	～年 (～년)	～か月 (～개월)	～週間 (～주간)	～日 (～일)	～時間 (～시간)	～分 (～분)
1	いちねん	**いっかげつ**	**いっしゅうかん**	**いちにち**	いちじかん	**いっぷん**
2	にねん	にかげつ	にしゅうかん	ふつか	にじかん	にふん
3	さんねん	さんかげつ	さんしゅうかん	みっか	さんじかん	**さんぷん**
4	**よねん**	よんかげつ	よんしゅうかん	よっか	**よじかん**	**よんぷん**
5	ごねん	ごかげつ	ごしゅうかん	いつか	ごじかん	ごふん
6	ろくねん	**ろっかげつ**	ろくしゅうかん	むいか	ろくじかん	**ろっぷん**
7	**しちねん**	ななかげつ	ななしゅうかん	なのか	**しち**じかん	ななふん
8	はちねん	**はっかげつ**	**はっしゅうかん**	ようか	はちじかん	**はっぷん**
9	きゅうねん	きゅうかげつ	きゅうしゅうかん	ここのか	**く**じかん	きゅうふん
10	じゅうねん	**じゅっかげつ**	**じゅっしゅうかん**	とおか	じゅうじかん	**じゅっぷん**
?	なんねん	なんかげつ	なんしゅうかん	なんにち	なんじかん	**なんぷん**

「～年間(～년간), ～か月間(～개월간), ～日間(～일간), ～分間(～분간)」과 같은 표현도 있다.

やってみよう！

정답 별책 P.6

例 3：00 ～ 5：00 _____にじかん_____

1）3月5日 ～ 3月8日 _____

2）11月10日 ～ 11月16日 _____

3）1月12日 ～ 3月11日 _____

4）2013年3月 ～ 2016年2月 _____

まとめの問題

정답 별책 p.11

文章の文法 <글의 문법>

1 ～ 4 に 何を 入れますか。1・2・3・4から いちばん いい ものを
1つ えらんで ください。

> 私は 先週 山田さんと 北海道へ 旅行に 行きました。キムさん 1
> いっしょに 行きました。帰るとき、空港で チェックイン 2 、山田さんと
> 買い物 3 行きました。おかしや お酒などを 買いました。荷物が
> とても 重かったです 4 、大変でした。

1　**1** を　　　**2** に　　　**3** で　　　**4** も

2　**1** するから　**2** しないから　**3** してから　**4** しなかったから

3　**1** を　　　**2** に　　　**3** で　　　**4** が

4　**1** が　　　**2** と　　　**3** から　　**4** まで

聴解 <청해>

はじめに しつもんを きいて ください。 それから はなしを きいて、1から4の
なかから、ただしい こたえを 1つ えらんで ください。

1　🔊 46

1　　　　　**2**　　　　　**3**　　　　　**4**

2　　**1** 男の 人は 見ましたが、女の 人は まだです。　🔊 47
　　2 女の 人は 見ましたが、男の 人は まだです。
　　3 男の 人も 女の 人も 見ました。
　　4 男の 人も 女の 人も まだです。

7 スキーと おんせん (1)
스키와 온천 (1)

본문 해석 보기

できること

● 과거에 경험했던 일에 대해 설명하거나 감상을 말할 수 있다.

🔊 48

キム：これ、おみやげです。

高橋：わあ、きれいな ハンカチですね。ありがとうございます。
　　　北海道は どうでしたか。

キム：楽しかったです。スキーを **したり**、
　　　おんせんに 入っ**たり しました**。

高橋：それは よかったですね。スキーは どうでしたか。

キム：はい。楽しかったです**が**、とても寒かったです。

高橋：そうですか。

活用練習 | 동사 활용 연습

◎ 동사의 た형 (~했다)

Ⅰ그룹 동사의 た형과 て형은 동일한 형태로 활용된다.

Ⅰグループ 동사

사전형	て형	た형
い<u>う</u>	いって	いった
た<u>つ</u>	たって	たった
かえ<u>る</u>	かえって	かえった
よ<u>む</u>	よんで	よんだ
あそ<u>ぶ</u>	あそんで	あそんだ
し<u>ぬ</u>	しんで	しんだ
か<u>く</u>	かいて	かいた
ぬ<u>ぐ</u>	ぬいで	ぬいだ
*い<u>く</u>	*いって	*いった
はな<u>す</u>	はなして	はなした

Ⅱグループ 동사

사전형	て형	た형
み**る**	み**て**	み**た**
たべ**る**	たべ**て**	たべ**た**

Ⅲグループ 동사

사전형	て형	た형
くる	**きて**	**きた**
する	**して**	**した**

やってみよう！

정답 별책 P.6

例	かく	(かいた)

1) もつ （　　　　　）　　2) よぶ （　　　　　）

3) おりる （　　　　　）　　4) あるく （　　　　　）

5) くる （　　　　　）　　6) いる （　　　　　）

34 ～ 39

34　スキーを　したり、おんせんに　入ったり　しました
스키를 타거나 온천을 하거나 했습니다

どう使う？

「〜たり …たり　します(〜하거나 …하거나 합니다)」는 여러 가지 일 중에서 두세 가지의 예를 들어 말할 때 사용하는 표현이다.

V-た ＋り ＋ **V-た** ＋り ＋ します

① 私は 毎日、日本語の 本を 読んだり、
　 CDを 聞いたり して います。
② 教室で 食べ物を 食べたり、
　 ジュースなどを 飲んだり しないで ください。
③ きのう、新宿で 映画を 見たり、買い物を
　 したり しました。

やってみよう！

정답 별책 P.6

1

例 新宿で 友だちと 買い物 （ したり ）、お茶を （ 飲んだり ） しました。

1) お母さんは そうじを （　　　　　）、買い物に （　　　　　） します。

2) 日曜日は、いつも テレビを （　　　　　）、音楽を （　　　　）
　 して います。

3) 友だちの うちで、ゲームを （　　　　　）、まんがを （　　　　）
　 しました。

4) ディズニーランドで 写真を （　　　　　）、ふねに （　　　　）
　 したいです。

2

例 Q：図書館で 何を しますか。
　 A：宿題を したり、DVDを 見たり します。

1) Q：夏休みに 何を したいですか。

　 A：_____

2) Q：うちへ 帰ってから、いつも 何を して いますか。

　 A：_____

 「～たり …たり します(~하거나 …하거나 합니다)」는 동작의 순서를 나타낼 경우에는
사용하지 않는다.

夏休みに　国へ　~~帰ったり、母の　料理を　食べたり~~　したいです。
⇒ ○ 夏休みに　国へ　帰って、母の　料理を　食べたいです。

☞11. 駅まで　行って、…

35 楽しかったですが、… 즐거웠습니다만…

どう使う？

「～が、…(～이지만…)」는 앞 문장과 반대되는 내용의 문장을 연결할 때 사용한다. 또한 「ワンさんは　3年　日本に　住んで　いますが、日本語が　わかりません(왕 씨는 3년 일본에서 살고 있지만 일본어를 할 줄 모릅니다)」과 같이 예상과는 다른 것을 말할 때 사용하기도 한다.

① 日本の　くだものは　高いですが、とても　おいしいです。
② あの　山は　あまり　高くないですが、あぶない　ところが　たくさん　あります。
③ 私は　友だちと　カラオケに　行きましたが、ぜんぜん　歌いませんでした。

やってみよう！

정답 별책 P.6

例 私の　部屋は　せまいです（ ⓖ・から ）、新しくて　きれいです。

1) この本は　むずかしいです（ が・から ）、おもしろいです。
2) 明日は　学校が　休みです（ が・から ）、友だちと　テニスを　します。
3) 私は　ときどき　サッカーを　します（ が・から ）、野球は　ぜんぜん
　　しません。
4) 私は　水泳が好きです（ が・から ）、毎週　プールで　泳ぎます。

☞25. 読みたいですから、…

「～が、…(~인데요…)」는 본론을 꺼내기 전 도입부로 사용하기도 한다.
① もしもし、ＡＢＫ社の　高橋ですが、鈴木さんを　おねがいします。
② きのう、はじめて　ダンスを　しましたが、とても　おもしろかった
　　ですよ。

7 スキーと おんせん (2)

스키와 온천 (2)

できること

● 자신이 한 일에 대해 순서대로 설명할 수 있다.

🔊 49

キム：北海道では、スキーを **した あとで**、毎晩、おんせんに
　　　入りました。とても 気持ちが よかったです。

高橋：そうですか。

キム：きのうは、朝ご飯を 食べる **まえにも** 入りました。
　　　おんせんに 入って、雪を **見ながら**、日本人の
　　　おばあさんと いろいろ 話しました。

高橋：おんせんの 中で？

キム：はい。とても 親切な 人でしたよ。

高橋：そうですか。よかったですね。

キム：ええ。本当に **楽しい** 旅行でした。

---

36 スキーを した あとで、… 스키를 탄 후에…

どう使う？

「〜た あとで、…(〜한 후에…)」는 동작의 순서를 말할 때 사용하는 표현이다. A⇒B 순으로 일어
날 경우 「Aした あとで Bします(A 한 후에 B 합니다)」가 된다.

> **V-た**
> **N**の ──┐ ＋ あとで、…

① 晩ご飯を 食べた あとで、ゲームを しました。

② きのう、鈴木さんが 帰った あとで、佐藤さんが 来ましたよ。

③ 授業の あとで、友だちと サッカーを しました。

④ 見学の あとで、レポートを 書きました。

! 과거의 일이 아니더라도 「〜あとで (~후에)」 앞에 붙는 동사는 た형을 사용한다.

見る あとで ⇒ ○ 見た あとで

① 映画を 見た あとで、公園で 話しませんか。

② 私は スポーツを した あとで、ビールを 飲みます。

やってみよう！

정답 별책 P.7

例 ___仕事の___ あとで、いつも 会社の 人と お酒を 飲みに 行きます。

1) 夜、はを _____ あとで、おかしを 食べないで ください。

2) _____ あとで、おいしい コーヒーを 飲みましょう。

3) 山に _____ あとで、いつも 足が いたく なります。

4) 友だちが _____ あとで、宿題を しました。

帰ります　のぼります　みがきます　仕事　食事

34
〜
39

---

37 朝ご飯を 食べる まえに、… 아침밥을 먹기 전에…

どう使う？

「〜まえに、…(~하기 전에…)」는 동작의 순서를 말할 때 사용한다. A⇒B 순으로 일어날 경우,
「Bする まえに Aします(B 하기 전에 A 합니다)」가 된다.

V-る
N の ┐ ＋ まえに、…

① ねる　まえに、はを　みがいて　ください。

② 友だちの　うちへ　行く　まえに、電話を　かけます。

③ パーティーの　まえに、部屋を　そうじしましょう。

④ 旅行の　まえに、ホテルを　よやくします。

> **!** 뒤의 동작이 과거의 일이더라도 「〜まえに(~전에)」앞에 붙는 동사는 사전형을 사용한다.
>
> ~~見た~~　まえに　⇒　○見る　まえに
>
> ① 日本へ　来る　まえに、3か月　日本語を　勉強しました。
>
> ② ご飯を　食べる　まえに、手を　洗いましたか。

やってみよう！

정답 별책 P.7

> 例　国へ　（　帰る　）　まえに、先生に　会いに　行きます。

1) 買い物を　（　　　　　）　まえに、銀行へ　行きます。

2) 料理を　（　　　　　）　まえに、手を　洗いましょう。

3) 旅行に　（　　　　　）　まえに、カメラを　買いたいです。

4) 友だちが　（　　　　　）　まえに、部屋を　そうじしました。

38 雪を見ながら、…　눈을 보면서…

どう使う？

「〜ながら、…(~하면서…)」는 두 가지의 동작을 동시에 진행할 때 사용하는 표현이다.

V-ます ＋ ながら

① あの　人は　歩きながら、アイスクリームを　食べて　います。

② 午後、お茶を　飲みながら、本を　読みました。

③ 山田さんは　働きながら、夜、大学で　勉強しました。

やってみよう！

1)

2)

3) 4)  5)

例 私は いつも 歌を （ 歌い ） ながら、（ 洗たくし ） ます。

1) きのうの 晩、コーヒーを （　　　　） ながら、テレビを （　　　　）

　 ました。

2) きのう、友だちと ケーキを （　　　　） ながら、（　　　　） ました。

3) 妹は 音楽を （　　　　） ながら、えを （　　　　） います。

4) 高橋さんは ギターを （　　　　） ながら、（　　　　） います。

5) 花を （　　　　） ながら、（　　　　） たいです。

「～ながら、…」와「～たり …たり します」

「～ながら、…(~하면서…)」는 동시에 진행할 수 없는 일에는 사용하지 않는다.

「～たり …たり します(~하거나 …하거나 합니다)」는 동시 동작에는 사용하지 않는다.

~~パーティーで、歌を 歌いながら、友だちと 話しました。~~

⇒ ◯ パーティーで、歌を 歌ったり、友だちと 話したり しました。

~~いつも テレビを 見たり ご飯を 食べたり して います。~~

⇒ ◯ いつも テレビを 見ながら、ご飯を 食べて います。

---

39 楽しい 旅行でした 즐거운 여행이었습니다

どう使う？

명사나 형용사를 활용하여 과거의 일이나 경험 등이 어땠는지 설명할 경우, 문장 맨 끝을 과거형으로 만든다.

~~楽しかった旅行です。~~
~~楽しかった旅行でした。~~
⇒ ◯ 楽しい旅行でした。

☞ 5. 新しい 電子辞書

96

① あの 店の ラーメン、きのう はじめて 食べましたが、とても おいしい

　　ラーメンでしたよ。

② 私の 高校の 先生は、とても きびしい 先生でした。

③ A：京都は どうでしたか。

　　B：とても きれいな ところでした。また 行きたいです。

④ 日曜日に 伊藤さんの 家へ 行きました。とても 広くて 新しい うちでした。

やってみよう！

정답 별책 P.7

> 例　A：旅行は 楽しかったですか。
>
> 　　B：はい、とても （　　楽しい　　） 旅行でした。

1）A：天気は よかったですか。

　　B：ええ、（　　　　　　　　） 天気でした。

2）A：試験の 問題は かんたんでしたか。

　　B：はい、とても （　　　　　　　　） 問題でした。

3）A：今日の 映画、おもしろかったですね。

　　B：ええ、本当に （　　　　　　　　） 映画でしたね。

34
〜
39

まとめの問題

정답 별책 p.11

文章の文法 <글의 문법>

1 ～ 5 に 何を 入れますか。1・2・3・4から いちばん いい ものを
1つ えらんで ください。

私は 冬休み、友だちと 北海道へ 行きました。北海道で、 1 。スキーは
はじめてでしたが、とても 2 。スキーを した あとで、おんせんに 入り
ました。私は おんせんが 大好きですから、朝も ご飯を 3 まえに、
入りました。おんせんで、雪を 4 ながら 日本人の おばあさんと 話し
ました。とても 5 旅行でした。

1
1 スキーを しながら、おんせんに 入りました
2 おんせんの 中で スキーを しました
3 スキーを したり、おんせんに 入ったり しました
4 おんせんに 入った とき、スキーを しました

2
1 楽しいです　　　　　　2 楽しくないです
3 楽しかったです　　　　4 楽しくなかったです

3
1 食べる　　2 食べて　　3 食べた　　4 食べ

4
1 見　　2 見ない　　3 見る　　4 見た

5
1 よかった　　2 よくて　　3 いい　　4 いいの

聴解 <청해>

はじめに しつもんを きいて ください。 それから はなしを きいて、1から4の
なかから、ただしい こたえを 1つ えらんで ください。

1
1 昼ご飯を 食べます。　　2 資料を 作ります。
3 会議を します。　　　　4 レポートを コピーします。
🔊 50

2
1 紙に 名前などを 書いて 出します。
2 紙に 写真を はって 出します。
3 写真に 名前を 書いて 出します。
4 紙を 持って 帰ります。
🔊 51

8 昼ご飯
점심(밥)

できること

● 친구와 가벼운 대화를 주고받을 수 있다.

● 사람과 사물에 대해 설명할 수 있다.

본문 해석 보기

🔊 52

佐藤：**鈴木くん、午後、いそがしい？**

鈴木：え？　午後？

佐藤：うん。

鈴木：授業は　ない**けど**、
　　　夕方から　バイト。

佐藤：そう。昼ご飯、**もう**　食べた？

鈴木：ううん、**まだ**　食べて　**いない**けど……。

佐藤：じゃあ、駅の　近くの　公園で　おべんとう、食べない？

鈴木：駅の　近くの？

佐藤：うん。**木が　たくさん　ある　公園**。今　さくらが　さいて、
　　　とても　きれいだから。

鈴木：へえ。いいね。

40
〜
45

40　午後、いそがしい？　　오후에 바빠?

どう使う？

친구나 가족 등 친한 사람에게 이야기할 경우, 혹은 일기나 리포트를 쓸 경우에는 보통형(반말체)을 사용한다.

> 상대방이 나와 같은 연령대이거나 나보다 어릴지라도 가까운 사이가 아닐 경우, 정중형을 사용해 이야기한다.

◎ い형용사의 보통형

	정중형	보통형(반말체)
い형용사	おおきい**です** おおきくない**です** おおきかった**です** おおきくなかった**です**	おおきい おおきくない おおきかった おおきくなかった

やってみよう！

정답 별책 p.7

例 おおきいです（　　おおきい　　）

1）おもしろかったです　（　　　　　　　　）

2）ちいさいです　（　　　　　　　）

3）たかくないです　（　　　　　　　）

4）あたたかかったです　（　　　　　　　）

5）さむくなかったです　（　　　　　　　）

> 일상적인 회화 상황에서 い형용사로 가볍게 질문할 때는 「**か**」를 붙이지 않고, 문장 끝을 올려 말한다.
> 午後、いそがしいか？⇒ ○ 午後、いそがしい（↗）？

① A：その本、おもしろい？

　B：ううん、あまり　おもしろくない。

② A：きのうの　映画、よかった？

　B：ううん、ぜんぜん　よくなかったよ。

③ この　ホテルは　新しくて　安いから、お客が　多いね。

> 例　さんぽは　気持ちが　いいです。⇒　さんぽは　気持ちが　＿＿いい＿＿。

1）今日は　とても　あたたかいです。⇒　今日は　とても　＿＿＿＿＿＿＿。

2）A：パーティーは　楽しかったですか。⇒　パーティー、＿＿＿＿＿＿？

　　B：いいえ、あまり　楽しくなかったです。人が　多かったですから……。

　　　　⇒ううん、あまり　＿＿＿＿＿＿。人が　＿＿＿＿＿から……。

3）この　ケーキは　とても　高いですね。

　　⇒この　ケーキは　とても　＿＿＿＿＿ね。

◎ 동사의 보통형

동사	정중형	보통형(반말체)
	いき**ます**	いく　　　　[사전형]
	いき**ません**	いか**ない**　[ない형]
	いき**ました**	いった　　　[た형]
	いき**ませんでした**	いか**なかった**

예외적으로 「あります(있습니다)」는 「ある(있다)」 「ない(없다)」 「あった(있었다)」 「なかった(없었다)」가 된다.

> 例　いきます（　　いく　　）

1）たべました　（　　　　　　　）

2）しませんでした　（　　　　　　　）

3）（学校へ）きます　（　　　　　　　）

4）かえりませんでした　（　　　　　　　）

5）します　（　　　　　　）

6）ありません　（　　　　　　）

7）けっこんして　います　（　　　　　　　）

> 일상적인 회화 상황에서 동사로 가볍게 질문할 때는 「か」를 붙이지 않고, 문장 끝을 올려
> 말한다.
>
> この　本、読んだか？ ⤫ ⇒ ○ この　本、読んだ（↗）？

① A：おなか　すいたね。

　 B：じゃ、この　パン　食べる？

② A：きのう、どこか　行った？

　 B：ううん。きのうは　雨が　降って　いたから、どこへも　行かなかった。

③ お金が　なかったから、何も　買わなかった。

やってみよう！

정답 별책 p.7

例　きのう、地下鉄で　新宿へ ＿＿＿＿行った＿＿＿＿。

1）11時ごろ　シャワーを ＿＿＿＿＿＿＿＿＿。

2）A：昼ご飯、食べた？

　 B：ううん。おなかが　いたかったから、何も ＿＿＿＿＿＿＿＿＿。

3）A：その　CD、いいね。どこで ＿＿＿＿＿＿＿＿＿？

　 B：駅の　前の　スーパーで　買いました。

＿＿＿＿＿＿＿＿＿＿＿＿＿＿＿＿＿＿＿＿＿＿＿＿＿＿＿
買います　　食べます　　行きます　　あびます
＿＿＿＿＿＿＿＿＿＿＿＿＿＿＿＿＿＿＿＿＿＿＿＿＿＿＿

◎ な형용사・명사의 보통형

	정중형	보통형(반말체)
な형용사	しずか**です** しずかじゃ**ありません** しずか**でした** しずかじゃ**ありませんでした**	しずか**だ** しずかじゃ**ない** しずか**だった** しずかじゃ**なかった**

명사	あめです あめじゃ**ありません** あめ**でした** あめじゃ**ありませんでした**	あめ**だ** あめじゃ**ない** あめ**だった** あめじゃ**なかった**

やってみよう！

정답 별책 P.7

例 がくせいです　（　　がくせいだ　　）

1）きれいでした　（　　　　　　　　　　）

2）べんりじゃありませんでした　（　　　　　　　　　）

3）100えんです　（　　　　　　　　　）

4）がくせいじゃありません　（　　　　　　　　　　）

5）いいてんきでした　（　　　　　　　　）

！

일상적인 회화 상황에서 명사와 な형용사로 가볍게 질문할 때는 「だ」나 「か」를 붙이지 않고 문장 끝을 올려 말한다.

明日、ひま~~だ~~?
明日、ひま~~だか~~?　⇒　○ 明日、ひま？（↑）

佐藤さんの　部屋、ここ~~だ~~?
佐藤さんの　部屋、ここ~~だか~~?　⇒　○ 佐藤さんの　部屋、ここ（↑）？

40
〜
45

① ぼくの　部屋は　りょうの　3かいで、とても　きれいな　部屋だ。

② 先生：今日、アルバイトは　休み？
　学生：いいえ、休みじゃありません。

③ A：Bさんは　料理が　上手？
　B：ううん、あまり　上手じゃない。

やってみよう！

> 例　あの　人は　有名な　医者です。⇒あの　人は　有名な　　医者だ　。

1) A：これは　Bさんのですか。⇒これ、＿＿＿＿＿＿＿＿？

　　B：いいえ、私のじゃありません。⇒ううん、＿＿＿＿＿＿＿＿。

2) きのうは　雨でしたが、今日は　いい天気です。

　　⇒きのうは　＿＿＿＿＿＿＿＿が、今日は　＿＿＿＿＿＿＿＿。

3) 空が　とても　きれいです。⇒空が　とても　＿＿＿＿＿＿＿＿。

41　鈴木くん、午後、いそがしい？　스즈키, 오후에 바빠?

どう使う？

회화에서는 조사 「は(～은/는)」「が(～이/가)」「を(～을/를)」「へ(～에/으로)」는 생략하는 경우가 많다.

> 「は」「が」「を」「へ」이외의 조사는 생략하게 되면 문장이 성립되지 않을 수 있으므로 생략하지 않는다.

① A：私（は）、ケーキ（が）食べたい。

　 B：私も。

② A：ケーキ（を）買って　きたよ。

　 B：ありがとう。

③ A：伊藤さん（は）、どこに　いる？

　 B：食堂だよ。

④ A：毎日　何で　学校（へ）行く？

　 B：自転車で　行く。

やってみよう！

정답 별책 P.7

> 例 これは、北海道の　おみやげです。⇒　これ、北海道の　おみやげ＿＿＿＿＿。

1）私は　この　本が　ほしいです。

　⇒ ＿＿＿＿＿＿＿＿＿＿＿＿＿＿＿＿＿＿＿＿＿＿＿。

2）きのう、スーパーで　パンを　買いました。

　⇒ ＿＿＿＿＿＿＿＿＿＿＿＿＿＿＿＿＿＿＿＿＿＿＿。

3）佐藤さんは　えが　好きですか。

　⇒ ＿＿＿＿＿＿＿＿＿＿＿＿＿＿＿＿＿＿＿＿＿＿＿。

4）毎晩、シャワーを　あびてから、勉強を　します。

　⇒ ＿＿＿＿＿＿＿＿＿＿＿＿＿＿＿＿＿＿＿＿＿＿＿。

42　授業は　ないけど、…　수업은 없지만…

どう使う？

친구들과 이야기할 때는 「～が、…(～이지만…)」가 아니라 「～けど、…(～이지만…)」를 사용하는 경우가 많다.

☞35. 楽しかったですが、…

① この　おかし、形は　変だけど、おいしいね。
② 朝は　寒くなかったけど、夜は　寒くなったね。
③ 今から　公園へ　行くけど、いっしょに　行かない？
④ 夏休みは　うれしいですけど、宿題が　たくさん　あるから　大変です。

やってみよう！

정답 별책 P.8

40
～
45

> 例 遊びに　行きたい（　から・けど　）、お金が　ありません。

1）あまり　使わない（　から・けど　）、新しい　パソコンが　ほしい。

2）あまり　使わない（　から・けど　）、この　かばん、あげるよ。

3）つかれた（　から・けど　）、ちょっと　休みましょう。

4）明日は　会社に　行きます。日曜日です（　から・けど　）、仕事が　あります

　（　から・けど　）……。

43　もう 食べた　벌써 먹었어

どう使う？

「もう～ました／た(벌써 ～했습니다/～했다)」는 계획한 일이나 하고자 했던 일이 이미 종료되었을 경우에 사용한다.

もう ＋ **V** ました／ **V-た**

① A：宿題は、もう 終わりましたか。

　 B：はい、もう 全部 終わりました。

② A：もう 食事した？

　 B：ううん、今から 山田さんと 食べに 行く。

③ 今晩の パーティーの 料理は、もう 全部 できました。

やってみよう！

〜 정답 별책 P.8

> 例　A：レポートは 終わりましたか。　B：はい、もう ___書きました___ 。

1）A：もう 食事しましたか。　　　　　B：はい、もう ＿＿＿＿＿＿＿。

2）A：そうじは 終わりましたか。　　　B：はい、もう ＿＿＿＿＿＿＿。

3）A：おふろは？　　　　　　　　　　B：もう ＿＿＿＿＿＿＿＿＿。

4）A：メールは？　　　　　　　　　　B：もう ＿＿＿＿＿＿＿＿＿。

> します　書きます　送ります　入ります　食べます

44　まだ 食べて いない　아직 먹지 않았어

どう使う？

「まだ～て いません／いない(아직 ～하지 않았습니다/～하지 않았다)」는 계획한 일을 지금 하고 있지 않은 상태라고 말할 때 사용한다. 「まだです(아직이에요)」라고 말하기도 한다.

まだ ＋ **V-て** ＋ いません／いない

> ! 「まだ 食べて いません(아직 먹지 못했습니다)」은 자신의 의지가 아니라 어떠한 이유로 먹지 못한 현재의 상황을 나타낸다.
> 「まだ 食べません(아직 안 먹을 거예요)」은 「私は 食べたくないです(저는 먹고 싶지 않습니다)」처럼 지금 먹을 의지가 없는 것을 나타낸다.

① A：リンさんは、来ましたか。

　 B：いいえ、まだ 来て いません。

② A：もう 買い物に 行った？

　 B：ううん、まだ 行って いない。

③ A：山田さん、もう 佐藤さんに 電話を かけましたか。

　 B：いいえ、まだです。

④ A：この本、読んだ？

　 B：ううん、まだ。

やってみよう！

정답 별책 P.8

> 例 A：(もう・まだ) 昼ご飯、食べた？
> 　　B：ううん、(もう・まだ) 食べて いない。

1）A：さくらは （ もう・まだ ） さきましたか。

　　B：いいえ、（ もう・まだ ） さいて いません。

2）A：病気は （ もう・まだ ） よく なりましたか。

　　B：はい、（ もう・まだ ） なおりました。

3）A：Bさん、レポート 出した？

　　B：ううん、（ もう・まだ ）。明日 出す。Aさんは？

　　A：私は （ もう・まだ ） 出したよ。

☞43. もう 食べた

40
～
45

「もうありません(이제 없습니다)」는 물건이나 시간 등이 남아 있지 않은 상태를 나타낸다.
「まだあります(아직 있습니다)」는 물건이나 시간 등이 남아 있는 상태를 나타낸다.

もう 時間が **ありません**から、急ぎましょう。

まだ 時間が **あります**から、ゆっくり 行きましょう。

45 木が たくさん ある 公園　나무가 많이 있는 공원

どう使う？

사람이나 물건 등의 특징을 구체적으로 설명할 때는 명사 앞에 동사를 넣어 말한다.

V - PI ＋ 명사

☞40. 보통형

① 明日 行く ところは、どこですか。
② 北海道で 飲んだ 牛乳は、とても おいしかったです。
③ テストに 答えを 書く ときは、えんぴつを 使って ください。

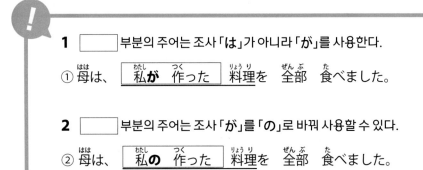

1 ☐ 부분의 주어는 조사 「は」가 아니라 「が」를 사용한다.

① 母は、 私が 作った 料理を 全部 食べました。

2 ☐ 부분의 주어는 조사 「が」를 「の」로 바꿔 사용할 수 있다.

② 母は、 私の 作った 料理を 全部 食べました。

やってみよう！

정답 별책 P.8

例　私は、　北海道にある　会社へ
行きました。

北海道

1) 私は、田中さんが ＿＿＿＿＿＿
会社へ　行きました。

2) 私は、車を ＿＿＿＿＿＿
会社へ　行きました。

3)

どうぞ

これは、高橋さんに ＿＿＿＿＿＿ ケーキです。

4)

これは、私が ＿＿＿＿＿＿ ケーキです。

40
〜
45

まとめの問題

정답 별책 p.12

文章の文法 <글의 문법>

1 ～ 4 に 何を 入れますか。1・2・3・4から いちばん いい ものを
1つ えらんで ください。

> きのう、英語の 試験 1 あった。あまり 勉強 2 から、ぜんぜん
> できなかった (T_T)。 3 むずかしい 試験だった。
> 試験の あとで、友だちと 1時間 カラオケを してから、うちへ 帰った。
> つかれた 4 、とても 楽しかった (^▽^)。

1	**1** へ	**2** に	**3** が	**4** を

2	**1** した	**2** しなかった	**3** しました	**4** しませんでした

3	**1** ときどき	**2** いつも	**3** ほんとうに	**4** たくさん

4	**1** だけ	**2** まで	**3** から	**4** けど

聴解 <청해>

はじめに しつもんを きいて ください。 それから はなしを きいて、1から4の
なかから、ただしい こたえを 1つ えらんで ください。

1	**1** 食堂は 安いから	**2** カレーは おいしいから	🔊 53
	3 男の 人は お金が ないから	**4** カレーが きらいだから	

2	**1** 台湾へ 帰る	**2** 友だちに 聞く	🔊 54
	3 スキーに 行く	**4** 電話する	

9 便利な ことば
유용한 어휘

본문 해석 보기

1 조사

1. が (~이/가, ~을/를, ~이지만)

① きのう、友だち**が** 来ました。

② だれ**が** 来ましたか。 ☞p.25

③ 漢字は むずかしいです**が**、 おもしろいです。 ☞p.91

④ はじめて ケーキを 作りました**が**、 とても おいしかったです。

☞p.91

2. を (~을/를)

① 私は パン**を** 食べます。

② 毎朝、7時に 家**を** 出ます。

3. に (~에, ~을/를, ~에게, ~하러)

① つくえの 上**に** 本が あります。 ☞p.56

② バス**に** 乗ります。

③ 先生**に** 聞きます。

④ 今朝、7時**に** 起きました。

⑤ 本を 買い**に** 行きます。 ☞p.71

4. で (~에서, ~로)

① 部屋**で** 勉強します。

② 飛行機**で** アメリカへ 行きます。 ☞p.45

5. へ (~에, ~으로)

家**へ** 帰ります。

6. と (~와/과)

① 本と　ノートを　買いました。

② 友だちと　ゲームを　します。

7. から・まで (~에서・~까지)

① うちから　学校まで　歩いて　いきます。

② 学校の　勉強は　9時から　3時までです。

8. や・など (~나, ~랑・~등)

駅の　前に　銀行や　スーパーなどが　あります。

9. の (~의, ~로 된)

① これは　私の　本です。

② 紙の　コップと　100円の　ノートを　買いました。

③ 日本の　車は　とても　いいです。

10. は (~은/는)

① 私は　ＡＢＫの　学生です。

② 宿題は　家で　して　ください。

11. も (~도)

① スミスさんは　アメリカ人です。ジョーンズさんも　アメリカ人です。

② 公園に　だれも　いません。　☞p.48

12. か (~인지, ~까)

① 何か　食べましたか。　☞p.46

② これは　だれの　かさですか。　☞p.21

13. ね (~이군요, ~이지요)

ここは　ＡＢホテルです**ね**。　☞p.37

14. よ (~요, ~예요)

銀行は　駅の　前に　あります**よ**。　☞p.52

15. くらい／ぐらい (~정도, ~만큼)

①　パーティーに　100人**くらい**　来ました。

②　15分**くらい**　バスに　乗ります。

16. だけ (~만, ~뿐)

1時間**だけ**　ゲームを　しました。

정답 별책 P.8

1.

（　）に　何を　入れますか。1・2・3・4から　いちばん　いい　ものを
1つ　えらんで　ください。

1）これは　佐藤さん（　　　）　本です。

　　1 に　　　**2** を　　　**3** の　　　**4** が

2）あ、むこうから　バス（　　　）　来ますよ。

　　1 は　　　**2** へ　　　**3** で　　　**4** が

3）デパート（　　　）　コートを　買いました。

　　1 で　　　**2** が　　　**3** に　　　**4** へ

4）明日　1時に　友だち（　　　）　会います。

　　1 を　　　**2** に　　　**3** で　　　**4** へ

5）時間が　ありませんから、タクシー（　　　）　行きましょう。

　　1 が　　　**2** の　　　**3** を　　　**4** で

6）スーパーで　パン（　　　）　くだものを　買いました。

    1 が　　**2** と　　**3** は　　**4** へ

7）私は　友だち（　　　）　川で　遊びました。

    1 が　　**2** に　　**3** を　　**4** と

8）山田さんは　この　会社（　　　）　働いて　います。

    1 で　　**2** に　　**3** へ　　**4** まで

9）A：佐藤さんの　かさ（　　　）　どこに　ありますか。

    B：あそこです。

    1 は　　**2** を　　**3** が　　**4** と

10）A：ここ（　　　）　どうやって　来ましたか。

    B：歩いて　きました。

    1 ごろ　　**2** まで　　**3** だけ　　**4** など

2.

____★____　に入る　ものは　どれですか。1・2・3・4から　いちばん　いい　ものを　1つ　えらんで　ください。

1）かばんの　____　____　__★__　____　あります。

    1 などが　　**2** 本や　　**3** 中に　　**4** ノート

2）大学の　____　____　__★__　____　行きます。

    1 図書館へ　　**2** 本を　　**3** 英語の　　**4** 借りに

3）明日の　____　____　__★__　____　です。

    1 12時まで　　**2** 10時から　　**3** 試験は　　**4** 英語の

2 부사

1. 정도를 나타내는 부사

① この　魚は　**とても**　おいしいです。 매우

② 日本の　冬は　**たいへん**　寒いです。 대단히

③ この本は　**ほんとうに**　おもしろかったです。 정말

④ この　料理は　**すこし**　からいです。 좀, 약간

⑤ 明日は　**ちょっと**　いそがしいでしょう。 좀, 약간

⑥ この　おかしは　**あまり**　おいしく**ない**です。 그다지 ~않다

⑦ **もっと**　日本語が　上手に　なりたいです。 좀더, 더욱

2. 시간·변화·완료를 나타내는 부사

① 子どもが　病気です。**すぐ（に）**　来て　ください。 바로

② 私は　**まだ**　昼ご飯を　食べて　いません。 아직　☞p.106

③ A：作文を　書きましたか。

　　B：はい、**もう**　書きました。 벌써, 이미　☞p.106

3. 양을 나타내는 부사

① 山の　上で　**すこし**　休みましょう。 조금, 잠깐

② お酒を　**ちょっと**　飲みました。 조금, 약간

③ テーブルの　上に　料理が　**たくさん**　あります。 많이

④ 昼休みの　公園には　人が　**おおぜい**　います。 많이(많은 사람, 여럿)

4. 횟수·빈도를 나타내는 부사

① 夜　ねる　まえに　**いつも**　音楽を　聞きます。 항상

② 私は　**よく**　駅前の　スーパーへ　買い物に　行きます。 자주

③ 私は　**ときどき**　日曜日に　テニスを　します。 가끔

④ 京都は　とても　きれいでした。**また**　行きたいです。 또

⑤ すみません。**もういちど**　言って　ください。 한번 더

5. 상태를 나타내는 부사

① もっと **ゆっくり** 話して ください。 천천히

② この 道を **まっすぐ** 行って ください。 곧장

③ 今、**ちょうど** 12時です。 정각, 마침

정답 별책 p.8

やってみよう！

（　）に 何を 入れますか。1・2・3・4から いちばん いい ものを
1つ えらんで ください。

1) 今日は （　　　） 寒くないです。

1 ぜんぶ　　　　**2** ちょうど　　**3** たくさん　　　**4** あまり

2) 京都の 旅行は 楽しかったですから、（　　　） 行きたいです。

1 もういちど　**2** もう　　　　**3** たぶん　　　　**4** ちょうど

3) 今日の 仕事は （　　　） 終わりました。

1 もっと　　　　**2** とても　　　**3** もう　　　　　**4** もういちど

4) A：おそく なりますよ。早く 行きましょう。

　　B：（　　　） 行きますから、ちょっと 待って ください。

1 すこし　　　　**2** すぐに　　　**3** よく　　　　　**4** まっすぐ

5) A：この レストラン、いいですね。

　　B：ええ、安くて おいしいですから、昼は （　　　） ここへ 来ます。

1 ゆっくり　　**2** もう　　　　**3** ほんとうに　**4** よく

6) A：すみません。駅は どこですか。

　　B：駅は この 道を （　　　） 行って ください。

1 たいてい　　**2** たいへん　　**3** まっすぐ　　**4** おおぜい

7) 私は （　　　） 図書館で 勉強して います。

1 おおぜい　　**2** いつも　　　**3** まっすぐ　　**4** あまり

3 접속사

1. 순접 (그리고, 그러고 나서)

앞의 내용과 뒤의 내용이 같거나 유사한 내용으로 접속되는 관계

① 朝、6時に　起きて、顔を　洗いました。**そして、**パンを　食べました。
② 佐藤さんは　明るくて　元気で、**そして、**とても　やさしい　人です。
③ はじめに　名前を　書いて、**それから、**質問の　答えを　書いて　ください。
④ コーヒーを　おねがいします。**それから、**サンドイッチも　ください。

2. 역접 (그러나, 그렇지만)

앞의 내용과 뒤의 내용이 반대되는 내용으로 접속되는 관계

① 私の　町は　しずかで　きれいです。**しかし、**あまり　便利では　ありません。
② この　くつは　とても　いいです。**でも、**ちょっと　高いです。

3. 전환 (그러면, 그럼)

앞의 내용과는 다른 내용이 연결되어 화제가 바뀌는 관계

① みなさん、来ましたね。**それでは、**パーティーを　始めましょう。
② 1＋1＝2です。**では、**1×1の　答えは　何ですか。

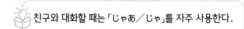 친구와 대화할 때는 「じゃあ／じゃ」를 자주 사용한다.

やってみよう！

정답 별책 P.8

（　）に　何を　入れますか。1・2・3・4から　いちばん　いい　ものを
1つ　えらんで　ください。

1) 今日は　いい　天気ですね。（　　）ちょっと　寒いです。

　　1 そして　　　**2** でも　　　**3** それから　　　**4** それでは

2) きのう　京都へ　行きました。（　　）たくさん　写真を　とりました。

　　1 それでは　　**2** しかし　　**3** それから　　**4** そして

3) 日本人は　ご飯の　まえに　「いただきます」と　言います。（　　　）
食べます。

1 それから　　**2** それでは　　**3** しかし　　　　**4** でも

4) A：仕事は　終わりましたか。

B：はい、終わりました。

A：（　　　）昼ご飯を　食べに　行きましょう。

1 それから　　**2** そして　　　**3** しかし　　　　**4** では

5) この　アパートは　広くて、便利です。（　　　）とても　高いです。

1 そして　　　**2** それから　**3** それでは　　　**4** でも

4　접미어

① 毎日　12時**ごろ**　ねます。 ~쯤, ~경

② 今、9時5分**すぎ**です。 지남, 지나침

③ パーティーは　10時からですが、10分**まえ**に　来て　ください。 ~전

④ 私**たち**は　ＡＢＫ日本語学校の　学生です。 ~들

⑤ ＡＢＫの　先生**がた**は　とても　親切です。 ~분

やってみよう！

정답 별책 P.8

（　　　）に　何を　入れますか。1・2・3・4から　いちばん　いい　ものを
1つ　えらんで　ください。

1) A：もう　9時に　なりましたか。

B：いいえ、5分（　　　）ですよ。

1 まえ　　　**2** すぎ　　　**3** くらい　　**4** ごろ

2) A：毎日　何時間　練習して　いますか。

B：4時間（　　　）練習して　います。

1 まえ　　　**2** じゅう　　**3** ごろ　　　**4** くらい

3）A：みなさん、どこから　来ましたか。

　　B：私（　　　）は、韓国から　来ました。

　　1　ごろ　　　**2**　たち　　　**3**　がた　　　**4**　くらい

4）先生（　　　）は、いつも　1かいの　部屋に　います。

　　1　ごろ　　　**2**　すぎ　　　**3**　がた　　　**4**　くらい

N5

げんごちしき

(もじ・ごい)

(25ふん)

もんだい1 ＿＿＿＿の ことばは ひらがなで どう かきますか。
1・2・3・4から いちばん いい ものを ひとつ えらんで ください。

1 きょうは いい 天気ですね。
　　1　げんき　　　2　けんき　　　3　でんき　　　4　てんき

2 しつれいですが、お名前は？
　　1　なまえ　　　2　まなえ　　　3　らまえ　　　4　まらえ

3 あそこに 男の 子が います。
　　1　おうな　　　2　おんな　　　3　おとこ　　　4　おどこ

4 この ズボンは ちょっと 長いです。
　　1　たかい　　　2　やすい　　　3　ながい　　　4　おもい

5 つくえの 下に ねこが います。
　　1　うえ　　　　2　した　　　　3　なか　　　　4　そと

6 わたしは 今年 25さいに なります。
　　1　ことし　　　2　ごとし　　　3　こねん　　　4　ごねん

7 らいしゅう 国へ かえります。
　　1　にく　　　　2　くに　　　　3　にぐ　　　　4　ぐに

8 わたしの 学校は えきの ちかくに あります。
　　1　かくこう　　2　がくこう　　3　かっこう　　4　がっこう

9 ゆっくり 休んで ください。
　　1　よんで　　　2　のんで　　　3　やすんで　　4　ふんで

10 さとうさんは あそこで やまださんと 話して います。
    1 わして   2 はなして   3 だして   4 おして

11 わたしは きのうの パーティーに 出ました。
    1 きました   2 でました   3 だしました   4 いきました

12 この くつは ちょっと 大きいですね。
    1 おうきい   2 おおきい   3 おきい   4 おぎい

もんだい2 ＿＿＿の ことばは どう かきますか。
        1・2・3・4から いちばん いい ものを ひとつ えらんで ください。

13 この ないふで りんごを きって ください。
    1 ナイス   2 ナイフ   3 メイス   4 メイフ

14 いんたーねっとで かいものを します。
    1 インターネット   2 インクーネット
    3 インターネソト   4 インクーネソト

15 わたしは しろい かばんが ほしいです。
    1 自い   2 日い   3 目い   4 白い

16 たなかさんは おんがくを きいて います。
    1 聞いて   2 間いて   3 関いて   4 問いて

17 また あした ここへ きて ください。
    1 見て   2 来て   3 立て   4 着て

18 すずきさんは せが たかいですね。
    1 高い   2 長い   3 低い   4 黒い

19 たかはしさんは　ほんを　よんで　います。

1　読んで　　　　2　呼んで　　　　3　死んで　　　　4　運んで

20 わたしは　2000ねんに　うまれました。

1　年　　　　　2　秊　　　　　3　秊　　　　　4　秊

もんだい3 （　　　）に　なにを　いれますか。

1・2・3・4から　いちばん　いい　ものを　ひとつ　えらんで　ください。

21 さとうさんは　いま　（　　　　）を　あびています。

1　シャワー　　　2　セーター　　　3　スーツ　　　　4　スーパー

22 スーパーの　（　　　　）に　いぬが　います。

1　うえ
2　した
3　うしろ
4　まえ

23 これは　きのう　としょかんで　（　　　　）　CDです。

1　かいた　　　　2　かえった　　　3　かした　　　　4　かりた

24 わたしは　テニスが　（　　　　）。

1　しずかです　　2　ほんとうです　3　すきです　　　4　じょうぶです

25 スポーツは　（　　　　）です。

1　たのしい　　　2　あたらしい　　3　おそい　　　　4　ちかい

26 わたしは　いつも　7じ　（　　　　）　おきます。

1　とき　　　　　2　ごろ　　　　　3　ちゅう　　　　4　ずつ

27 えいがは　3じから　5じまで　です。5じに　（　　　　）。
　　1　おります　　　2　おわります　　3　およぎます　　4　おぼえます

28 きょうは　くがつ　（　　　　）です。
　　1　いつか
　　2　みっか
　　3　ようか
　　4　よっか

29 うちから　がっこうまで　1じかん　（　　　　）。
　　1　かかります　　2　かけます　　　3　いきます　　　4　きます

30 スーパーの　（　　　）で　おかねを　はらいました。
　　1　ドア　　　　　2　レジ　　　　　3　スプーン　　4　レポート

もんだい4 _____の ぶんと だいたい おなじ いみの ぶんが あります。
1・2・3・4から いちばん いい ものを ひとつ えらんで ください。

31 わたしの へやは ひろくないです。
1 わたしの へやは ふるいです。
2 わたしの へやは あたらしいです。
3 わたしの へやは せまいです。
4 わたしの へやは おおきいです。

32 わたしの かいしゃは ごぜん 9じに はじまります。
1 わたしは ごぜん 9じから べんきょうします。
2 わたしは ごぜん 9じから はたらきます。
3 わたしは ごぜん 9じから でかけます。
4 わたしは ごぜん 9じから れんしゅうします。

33 にちようび、ともだちと しょくじを しました。
1 にちようび、ともだちと ゲームを しました。
2 にちようび、ともだちと りょうりを つくりました。
3 にちようび、ともだちと こうえんを あるきました。
4 にちようび、ともだちと ごはんを たべました。

34 けさ なんじに おきましたか。
1 きょうの あさ なんじに おきましたか。
2 きょうの ばん なんじに おきましたか。
3 きのうの あさ なんじに おきましたか。
4 きのうの ばん なんじに おきましたか。

35 リンさんは どこに すんでいますか。
1 リンさんの うちは どこに ありますか。
2 リンさんの きょうしつは どちらですか。
3 リンさんは どこへ いきたいですか。
4 リンさんは どこで れんしゅうして いますか。

N5

げんごちしき（ぶんぽう）

・

どっかい

（50ぷん）

もんだい1 （　　）に 何を 入れますか。

1・2・3・4から いちばん いい ものを 一つ えらんで ください。

1 その かさは わたし（　　）です。

　　1 は　　　　　2 も　　　　　3 を　　　　　4 の

2 おなかが すきましたね。何（　　）食べたいですね。

　　1 を　　　　　2 か　　　　　3 も　　　　　4 は

3 来週 ふね（　　）沖縄へ 行きます。

　　1 へ　　　　　2 に　　　　　3 で　　　　　4 を

4 高橋さんは しんせつ（　　）あかるい 人です。

　　1 で　　　　　2 が　　　　　3 に　　　　　4 と

5 A：この おべんとう、おいしいですね。（　　）で 買いましたか。

　　B：学校の まえの コンビニです。

　　1 どれ　　　　2 どこ　　　　3 だれ　　　　4 いつ

6 A：鈴木さんは （　　）スポーツが すきですか。

　　B：サッカーが すきです。

　　1 どれ　　　　2 どこ　　　　3 どんな　　　　4 どうして

7 A：きのうの パーティーは （　　）か。

　　B：とても たのしかったです。

　　1 いつです　　　　　　　　2 いつでした

　　3 どうです　　　　　　　　4 どうでした

8 京都は とても （　　）ところですよ。

　　1 きれいな　　2 きれいで　　3 きれいに　　4 きれい

9 わたしは （　　　　） 小さい コンピューターが ほしいです。
　　1　かるいと　　　2　かるいの　　　3　かるいが　　　4　かるくて

10 わたしは （　　　） この レストランで 昼ごはんを 食べます。
　　1　よく　　　　　2　少し　　　　　3　おおぜい　　　4　まっすぐ

11 A：すみません。今 何時ですか。
　　B：（　　　　）3時ですよ。
　　1　たくさん　　　2　たいてい　　　3　ちょっと　　　4　ちょうど

12 きのうの えいがは あまり （　　　　）ですね。
　　1　おもしろい　　　　　　　　　2　おもしろくない
　　3　おもしろかった　　　　　　　4　おもしろくなかった

13 まいばん （　　　） はを みがきましょう。
　　1　ねる　まえに　　　　　　　　2　ねた　あとで
　　3　ねたから　　　　　　　　　　4　ねてから

14 今日の 昼に （　　　） カレーは おいしかったです。
　　1　食べる　　　　2　食べた　　　　3　食べて　　　　4　食べ

15 これは テストですから、となりの 人の こたえを （　　　） ください。
　　1　見て　　　　　2　見たり　　　　3　見ないで　　　4　見ないと

16 A：日よう日、いっしょに うみへ （　　　） 行きませんか。
　　B：いいですね。
　　1　あそびに　　　　　　　　　　2　あそんで
　　3　あそんだり　　　　　　　　　4　あそびながら

もんだい2　　＿＿★＿＿に　入る　ものは　どれですか。

　　　　　　1・2・3・4から　いちばん　いい　ものを　一つ　えらんで　ください。

17　これは　＿＿＿＿　＿＿＿＿　＿★＿　＿＿＿＿です。

　　1　作った　　　　2　が　　　　　　3　ケーキ　　　4　田中さん

18　ごはんを　＿＿＿＿　＿＿＿＿　＿★＿　＿＿＿＿　行きました。

　　1　伊藤さんの　　2　食べて　　　3　うちへ　　　4　から

19　テレビを　＿＿＿＿　＿＿＿＿　＿★＿　＿＿＿＿ないで　ください。

　　1　見　　　　　　2　食べ　　　　3　ごはんを　　4　ながら

20　なつ休みに　＿＿＿＿　＿＿＿＿　＿★＿　＿＿＿＿です。

　　1　友だちに　　　2　帰って　　　3　会いたい　　4　国へ

21　日よう日は　買い物に　＿＿＿＿　＿＿＿＿　＿★＿　＿＿＿＿から、
いそがしいです。

　　1　します　　　　2　行ったり　　3　したり　　　4　そうじを

もんだい3 [22] から [26] に 何を 入れますか。ぶんしょうの いみを かんがえて、
1・2・3・4から いちばん いい ものを 一つ えらんで ください。

（1）

来週 大きい 日本語の テストが [22]。テストは 12ばん
きょうしつ [23] 朝 9時からです。学校で べんきょうした
ぶんぽうを うちで [24] べんきょうして ください。

[22] 1 あります　　2 ありました　　3 します　　　4 しました
[23] 1 に　　　　　2 で　　　　　　3 へ　　　　　4 の
[24] 1 とても　　　2 おおぜい　　　3 まっすぐ　　4 もういちど

（2）

きのう あたらしい 車を 買いました。わたしは この車で いろいろな
ところへ [25]。うみも 山も 好きです。[26] 時間が ありません。
ちょっと ざんねんです。

[25] 1 行きたいです　　　　　　2 行きません
　　　3 行きたかったです　　　　4 行きましょう

[26] 1 そして　　　2 それから　　3 でも　　　　4 それでは

もんだい4 つぎの （1）から（3）の ぶんしょうを 読んで、しつもんに こたえて
ください。こたえは、1・2・3・4から いちばん いい ものを 一つ
えらんで ください。

（1）
下の メールは 田中さんが インターネットの くつの 店に 送った
メールです。

注文した くつ（24㎝）が とどきましたが、
ちょっと 大きいです。
すみませんが、このくつを そちらに 送りますから、
23.5㎝の くつを 送って ください。
よろしく おねがいします。

---

27 田中さんは 今から 何を しますか。
　1　くつの 店に くつを 注文します。
　2　くつの 店に 行って、くつを かいます。
　3　くつの 店に 24cmの くつを 送ります。
　4　くつの 店に 23.5cmの くつを 送ります。

（2）
レストランの 前に 下の 文が ありました。

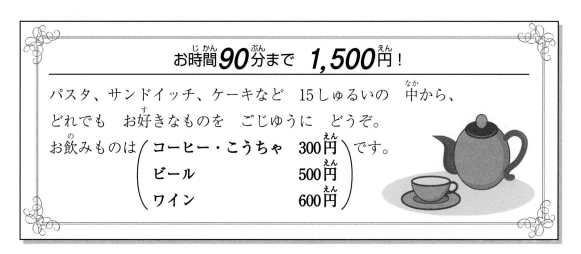

お時間 **90分まで 1,500円**！

パスタ、サンドイッチ、ケーキなど 15しゅるいの 中から、
どれでも お好きなものを ごじゆうに どうぞ。
お飲みものは (コーヒー・こうちゃ　300円) です。
　　　　　　　 ビール　　　　　　500円
　　　　　　　 ワイン　　　　　　600円

28 この レストランで 1時間くらい 食事を しました。パスタや ケーキ
　 などを 食べて、コーヒーを 飲みました。いくら かかりますか。
　 1　1500円
　 2　1800円
　 3　4500円
　 4　4800円

（3）
おてらの 入り口に 下の 紙が ありました。

見学の方へ

おてらの 中は くつを はいて 入らないで ください。こちらで くつを
ぬいで ください。くつは たなに おいて ください。しんぱいな 方は
たなに おかないで、ふくろに 入れて、もって行って ください。
どうぞ よろしく おねがいします。

---

29 おてらの 人が いちばん 言いたい ことは 何ですか。

1 くつを ぬいで ください。

2 くつを たなに おいて ください。

3 たなの くつは なくなります。

4 くつを ふくろに 入れて もっていって ください。

もんだい5 つぎの ぶんしょうを 読んで、しつもんに こたえて ください。
こたえは 1・2・3・4から いちばん いい ものを 一つ えらんで
ください。

佐藤さんが ファウジさんに メールを 送りました。

ファウジさん お元気ですか。
東京は 毎日 さむいです。マレーシアは あついでしょうね。
ひこうきの 時間が きまりました。
来週 土よう日の 朝 8時30分に そちらに 着きます。
空港で 会いましょう。
ファウジさんに 早く 会いたいです。
いっしょに いろいろな ところへ 行きましょう。
今から とても たのしみです。
よろしく おねがいします。

佐藤

---

30 ファウジさんと 佐藤さんは、今 どこに いますか。
1 2人は 日本に います。
2 2人は マレーシアに います。
3 ファウジさんは マレーシアに、佐藤さんは 日本に います。
4 ファウジさんは 日本に、佐藤さんは マレーシアに います。

31 この メールで 何が いちばん 大切ですか。
1 東京が さむいこと　　　　2 マレーシアが あついこと
3 ひこうきが 着く 時間　　4 あそびに 行く ところ

もんだい6 つぎの ぶんしょうを 読んで、Aと Bを 見て、しつもんに こたえて
ください。こたえは 1・2・3・4から いちばん いい ものを 一つ
えらんで ください。

32 高橋さんと 林さんが 会社で かいぎを します。

Aは 2人の よていです。×の ところは ほかの よていが あります。

Bは かいぎしつの よていです。×の ところは ほかの 人が
かいぎしつを 使う 時間です。

2人は いつ かいぎを しますか。

A

高橋さんの よてい

	10：00～	13：00～	15：00～
5日 （月）	×	×	○
6日 （火）	×	×	○
7日 （水）	○	○	○
8日 （木）	×	○	○
9日 （金）	×	○	○

林さんの よてい

	10：00～	13：00～	15：00～
5日 （月）	○	○	○
6日 （火）	○	×	×
7日 （水）	○	○	○
8日 （木）	○	×	×
9日 （金）	○	○	×

B

かいぎしつの よてい

	10：00～	13：00～	15：00～
5日 （月）	×	×	×
6日 （火）	○	○	○
7日 （水）	×	×	○
8日 （木）	○	○	○
9日 （金）	×	×	○

1 6日 （火） 10：00 ～
2 7日 （水） 15：00 ～
3 8日 （木） 10：00 ～
4 9日 （金） 15：00 ～

N5

ちょうかい

（30 ぷん）

もんだい1

　もんだい1では、はじめに　しつもんを　きいて　ください。それから　はなしを　きいて、もんだいようしの　1から4の　なかから、いちばん　いい　ものを　ひとつ　えらんでください。

1ばん

2ばん

3ばん

1  →  →  →

2  →  →  →

3  →  →  →

4  →  →  →

4ばん

1 駅（えき）
2 会場（かいじょう）の　入（い）り口（ぐち）
3 会場（かいじょう）の　外（そと）
4 会場（かいじょう）の　中（なか）

5ばん　🔊 60

　　1　ごりょうしんと　お兄さん
　　2　ごりょうしんと　お姉さん
　　3　お母さんと　お兄さん
　　4　お母さんと　お姉さん

6ばん　🔊 61

　　1　えんぴつ
　　2　えんぴつと　けしゴム
　　3　えんぴつと　けしゴムと　時計
　　4　えんぴつと　けしゴムと　けいたい電話

7ばん　🔊 62

　　1　土よう日に　山へ　行きます
　　2　土よう日に　コンサートに　行きます
　　3　日よう日に　山へ　行きます
　　4　日よう日に　食事に　行きます

もんだい2

　もんだい2では、はじめに　しつもんを　きいて　ください。それから　はなしを　きいて、もんだいようしの　1から4の　なかから、いちばん　いい　ものを　ひとつ　えらんでください。

1ばん

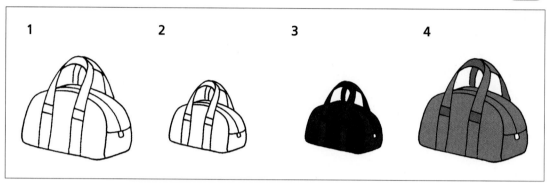

2ばん

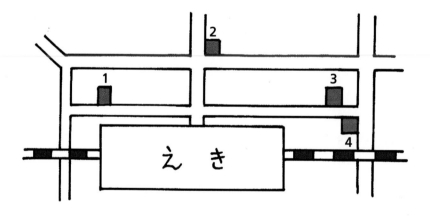

3ばん　　　　　　　　　　　　　　　　　　　　　　　🔊 65

　　1　あしたから

　　2　あさってから

　　3　木<ruby>もく<rt></rt></ruby>よう日<ruby>び<rt></rt></ruby>から

　　4　来週<ruby>らいしゅう<rt></rt></ruby>の　月<ruby>げつ<rt></rt></ruby>よう日<ruby>び<rt></rt></ruby>から

4ばん　　　　　　　　　　　　　　　　　　　　　　　🔊 66

　　1　ぜんぜん　しません

　　2　2時間<ruby>じ かん<rt></rt></ruby>

　　3　3時間<ruby>じ かん<rt></rt></ruby>

　　4　5時間<ruby>じ かん<rt></rt></ruby>

5ばん　　　　　　　　　　　　　　　　　　　　　　　🔊 67

　　1　えんぴつ

　　2　ペン

　　3　ボールペン

　　4　けしゴム

6ばん　　　　　　　　　　　　　　　　　　　　　　　🔊 68

　　1　東町<ruby>ひがしまち<rt></rt></ruby>　1－12－13

　　2　西町<ruby>にしまち<rt></rt></ruby>　1－12－13

　　3　東町<ruby>ひがしまち<rt></rt></ruby>　2－12－13

　　4　西町<ruby>にしまち<rt></rt></ruby>　2－12－13

もんだい3

　もんだい3では、えを　みながら　しつもんを　きいて　ください。➡（やじるし）の
ひとは　なんと　いいますか。　1から3の　なかから、いちばん　いい　ものを　ひとつ
えらんで　ください。

1ばん

2ばん

3ばん

4ばん

5ばん

もんだい4

　もんだい4は、えなどが　ありません。ぶんを　きいて、1から3の　なかから、いちばん
いい　ものを　ひとつ　えらんで　ください。

― メモ ―

1ばん　　　　　　　　　　　　　　　　　　　　　　　　　　　　🔊 74

2ばん　　　　　　　　　　　　　　　　　　　　　　　　　　　　🔊 75

3ばん　　　　　　　　　　　　　　　　　　　　　　　　　　　　🔊 76

4ばん　　　　　　　　　　　　　　　　　　　　　　　　　　　　🔊 77

5ばん　　　　　　　　　　　　　　　　　　　　　　　　　　　　🔊 78

6ばん　　　　　　　　　　　　　　　　　　　　　　　　　　　　🔊 79

문형 색인

N5 Can Do List

장	타이틀	できること	관련 표현
1	あいさつ 인사	● さまざまな あいさつが できる。 기본적인 인사를 할 수 있다. ● あいさつに 答えることが できる。 상대의 인사말에 대답할 수 있다.	
2	電気屋で 전자제품 매장에서	● 店の 人に 商品の 場所や ねだんを 聞いて、答えを 理解する ことが できる。 점원에게 상품의 위치와 가격을 묻고, 답변을 알아들을 수 있다. ● 店の 人に 商品に ついて 質問したり、ほかの 商品を さがして もらったり する ことが できる。 상품에 대해 물어보거나 다른 상품이 없는지 문의할 수 있다.	1 あります 2 ありますか 3 **どこ**ですか 4 **あちら**です 5 **新しい 電子辞書** 6 日本**の**です * 숫자 7 23,800**円**です
3	きのうの 買い物 어제의 쇼핑	● いつ・どこで・何を したか、過去の 行動に ついて 話す ことが できる。 언제・어디서・무엇을 했는지 과거의 행동에 대해 말할 수 있다. ● 交通手段などに ついて、じゅんばんに 話す ことが できる。 자신이 타고 온 교통수단에 대해 순서대로 말할 수 있다.	8 電子辞書ですね 9 きのう **買いました** 10 **ほしいです** ◎ 동사 て형 ◎ 동사의 て형 11 駅まで 行っ**て**、… 12 バス**で** 行きました 13 **どこか** 行きましたか 14 **どこへも** 行きませんか
4	上野の 町 우에노 지역	● 人を さそったり、人や 物の そぐさを 説明したり する ことが できる。 상대방에게 어떤 행동을 권유하거나 사람과 사물의 존재, 위치 등을 설명할 수 있다. ● 場所の ようすや とくちょうを 説明する ことが できる。 장소의 상태나 특징을 설명할 수 있다.	15 行きません**か** 16 おもしろい ところです**よ** 17 駅の **前** 18 公園が **あります** 19 行き**ましょう** 20 「アメ横」 **という** ところ 21 「アメ横」 **は** 安い 店**が** 多いです 22 安**くて** おいしいです

		Can-do	例文
5	まんが 만화	● 好きな ものや しゅみに ついて 話す ことが できる。 좋아하는 것이나 취미에 대해 말할 수 있다. ● 家族や しゅみに ついて 話す ことが できる。 가족이나 취미에 대해 말할 수 있다.	23 上手に なりました 24 読みたいです 25 読みたいですから、… 26 まんがが 好きです 27 見に 行きませんか * 달력 ◎ 동사의 사전형 28 まんがを かく ことです * 가족 호칭 * 시간
6	空港で 공항에서	● 人や 自分が 今 して いる ことを 説明する ことが できる。 자신 혹은 다른 사람이 현재 무엇을 하고 있는지에 대해 설명할 수 있다. ● して ほしい ことを 伝える ことが できる。 상대에게 어떤 행동을 부탁할 수 있다.	29 買い物を して います 30 待って ください 31 チェックインして から、… ◎ 동사의 ない형 32 入れないで ください 33 早く 行きましょう * 시간의 길이
7	スキーと おんせん 스키와 온천	● 過去の 経験に ついて 説明したり、かんそうを 言ったり する ことができる。 과거에 경험했던 일에 대해 설명하거나 감상을 말할 수 있다. ● 自分の 行動に ついて、じゅんばんに 説明する ことが できる。 자신이 한 일에 대해 순서대로 설명할 수 있다.	◎ 동사의 た형 34 スキーを したり、おんせんに 入ったり しました 35 楽しかったですが、… 36 スキーを した あとで、… 37 朝ご飯を 食べる まえに、… 38 雪を 見ながら、… 39 楽しい 旅行でした
8	昼ご飯(밥) 점심(밥)	● 友だちと、カジュアルに 話す ことが できる。 친구와 개운 대화를 주고받을 수 있다. ● どんな 人か、どんな ものか、などを 説明する ことが できる。 사람과 사물에 대해 설명할 수 있다.	40 午後 いそがしい? 41 鈴木くん、午後、いそがしい? 42 授業は ないけど、… 43 もう 食べた 44 まだ 食べて いない 45 木が たくさん ある 公園

TRY！ トライ！
JLPT 일본어 능력시험 N5

べっさつ

별책

정답

① あいさつ

▶もんだいp.19

1 **1** 🔊15
友だちに花をもらいました。何と言いますか。

F：1 どうもありがとう。
　　2 おねがいします。
　　3 しつれいしました。

2 **3** 🔊16
友だちが国へ帰ります。何と言いますか。

F：1 いらっしゃい。
　　2 おねがいします。
　　3 お元気で。

3 **2** 🔊17
友だちのうちでご飯を食べます。食べるまえに何と言いますか。

M：1 おいしかったです。
　　2 いただきます。
　　3 ありがとうございました。

4 **2** 🔊18
朝、先生に会いました。何と言いますか。

M：1 すみません。
　　2 おはようございます。
　　3 こんばんは。

5 **1** 🔊19
友だちの足をふみました。何と言いますか。

F：1 ごめんなさい。
　　2 さようなら。
　　3 では、また。

6 **1** 🔊20
F：コーヒー、どうぞ。
M：1 いただきます。
　　2 いらっしゃいませ。
　　3 ごちそうさまでした。

7 **3** 🔊21
M：はじめまして。どうぞよろしくおねがいします。
F：1 どういたしまして。
　　2 しつれいしました。
　　3 こちらこそ。

8 **2** 🔊22
M：どうもありがとうございます。
F：1 いただきます。
　　2 どういたしまして。
　　3 どうぞよろしく。

9 **2** 🔊23
F：あ、その部屋に入らないでください。
M：1 しつれいします。
　　2 あ、すみません。
　　3 ありがとうございます。

10 **1** 🔊24
F：じゃあ、この仕事は私がしますから……。
M：1 おねがいします。
　　2 しつれいします。
　　3 では、また。

② 電気屋で

1

▶もんだいp.21
1) リンさんは中国人です。
2) これはノートじゃありません。

1

3) 今日はいそがしいです。

4) 毎晩音楽を聞きます。

2

▶もんだいp.22

1) はい、読みます。／いいえ、読みません。

2) はい、高いです。／いいえ、高くないです。

3) はい、ひまです。／いいえ、ひまじゃありません。

4) はい、休みです。／いいえ、休みじゃありません。

▶もんだいp.22

1) ×　⇒はい、さんぽします。

2) ○

3) ×　⇒はい、寒いです。

4) ×　⇒いいえ、会いません。

3

▶もんだいp.24

1) どれ

2) どんな

3) どう

4) だれ

5) どこ

6) いくら

▶もんだいp.25

1) は

2) が、が

3) が、が

4) は

4

▶もんだいp.27

1) これ、それ

2) あれ、あれ

3) この

4) あそこ

5) あれ

5

▶もんだいp.30

1) いつもかんたんな料理を作ります。

2) SONYのテレビはいくらですか。

3) さくらはきれいな花です。

4) これは来年のカレンダーです。

5) 鈴木さん、つめたいジュースを飲みますか。

6

▶もんだいp.31

1) 日本の

2) 黒いの

3) リンさんの

4) 私の

숫자

▶もんだいp.33

1) にひゃくはちじゅうよん

2) さんびゃくろくじゅうきゅう

3) ろっぴゃくじゅうに

4) せんよんひゃくごじゅう

5) はっせんななひゃくろくじゅうよん

7

조수사

▶もんだいp.35

1) さんばい

2) よっつ

3) ふたり

4) いちまい

5) ごひゃくにじゅうえん

3 きのうの買い物

8

▶もんだい p.38

1）ね

2）ね

3）×

4）×

5）ね

9

▶もんだい p.39　※예시 답안

1）はい、雨でした。／いいえ、雨じゃありませんでした。

2）はい、いそがしかったです。／いいえ、いそがしくなかったです。

3）ラーメンを食べました。

4）はい、おいしかったです。／いいえ、おいしくなかったです。

5）きのうの晩、しました。

10

▶もんだい p.40　※예시 답안

1）はい、ほしいです。／いいえ、ほしくないです。

2）車がほしいです。

활용 연습

▶もんだい p.43

1）Ⅰ　2）Ⅱ　3）Ⅰ　4）Ⅰ

5）Ⅱ　6）Ⅰ　7）Ⅱ　8）Ⅱ

9）Ⅱ　10）Ⅰ　11）Ⅲ　12）Ⅱ

13）Ⅰ　14）Ⅱ　15）Ⅱ　16）Ⅲ

17）Ⅱ

▶もんだい p.44

1）あけて

2）きて

3）いて

4）およいで

5）のって

6）おきて

7）かりて

8）いって

9）はなして

10）勉強して

11

▶もんだい p.45

1）乗って

2）かけて

3）働いて

4）して

5）行って

12

▶もんだい p.46

1）あのバスでホテルまで行きます。

2）このケーキはスプーンで食べます。

3）インターネットで新しい本を注文しました。

13

▶もんだい p.47

1）なにか

2）どこか

3）だれか

4）だれかと

14

▶もんだい p.49

1）なにも

2）なにも

3）どこ（へ）も

4）だれとも

④ 上野の町（うえのまち）

15

▶もんだい p.52
1) 飲みませんか
2) 休みませんか
3) 行きませんか
4) しませんか

16

▶もんだい p.53
1) よ
2) ね
3) よ

17

▶もんだい p.55
1) **2**　　2) **1**　　3) **1**　　4) **1**
5) **3**　　6) **4**　　7) **2**　　8) **2**

18

1 ▶もんだい p.58
1) あります、あります
2) います
3) います
4) あります
5) あります

2 ▶もんだい p.58
1) に、が
2) は・に、に
3) に、も
4) は・に、の

19

▶もんだい p.59
1) 見ませんか、会いましょう
2) 食べませんか、行きましょう

20

▶もんだい p.61　※예시 답안
1) チェンマイ
2) ABK
3) アウンサンスーチー
4) ABK カレッジ

21

▶もんだい p.62　※예시 답안
1) 料理・上手
2) 建物・きれい
3) 山・多い

22

▶もんだい p.63
1) 長くて
2) 小さくて
3) にぎやかで
4) 5日で
5) おいしいですが

⑤ まんが

23

▶もんだい p.67
1) よく
2) 10時に
3) 便利に
4) 大きく

+ Plus

▶もんだい p.68
1) きれいにし
2) みじかくして
3) 1時にし
4) しずかにして

24

▶もんだい p.68
1）とり
2）食べ
3）住み
4）のぼり

25

▶もんだい p.70　※예시답안
1）時間がありませんから、急ぎましょう。
2）旅行に行きますから、朝早く起きます。
3）おいしかったですから、たくさん食べました。
4）寒いですから、買い物に行きたくないです。

26

▶もんだい p.71　※예시답안
1）はい、好きです。／いいえ、好きじゃありません。
2）メロンが好きです。
3）青が好きです。

27

▶もんだい p.71
1）出し
2）旅行
3）見
4）さんぽ

활용 연습

▶もんだい p.74
1）あびる
2）旅行する
3）およぐ
4）いる
5）かえる
6）もつ
7）やすむ
8）きく
9）はなす
10）あそぶ

28

▶もんだい p.74
1）泳ぐ
2）する
3）話す
4）食べる

6 空港で

29

1　▶もんだい p.79
1）ひいて
2）話して
3）歌って
4）見て
5）作って

2　▶もんだい p.79
1）読んで
2）して
3）とって
4）話して
5）ねて／休んで

30

▶もんだい p.80
1）来て
2）歌って
3）見せて
4）持って
5）おぼえて

5

31

▶もんだいp.81

1) かけて
2) 見て
3) 洗って
4) 読んで
5) 休んで

활용 연습

▶もんだいp.83

1) およがない
2) ださない
3) のらない
4) もたない
5) よまない
6) すわない
7) ならばない
8) はかない
9) あびない
10) こない

32

▶もんだいp.84

1) 帰らないで
2) 練習しないで
3) 見せないで
4) 休まないで
5) 話さないで

33

▶もんだいp.85

1) 大切に
2) しずかに
3) 小さく
4) 早く

시간의 길이

▶もんだいp.86

1) よっか
2) いっしゅうかん／なのか
3) にかげつ
4) さんねん

7 スキーとおんせん

활용 연습

▶もんだいp.89

1) もった
2) よんだ
3) おりた
4) あるいた
5) きた
6) いた

34

1 ▶もんだいp.90

1) したり・行ったり
2) 見たり・聞いたり
3) したり・読んだり
4) とったり・乗ったり

2 ▶もんだいp.90 ※예시 답안

1) 海へ行ったり、山にのぼったりしたいです。
2) テレビを見たり、インターネットをしたりしています。

35

▶もんだいp.91

1) が
2) から
3) が
4) から

36

▶もんだい p.93

1）みがいた
2）食事の
3）のぼった
4）帰った

37

▶もんだい p.94

1）する
2）作る
3）行く
4）来る

38

▶もんだい p.95

1）飲み・見
2）食べ・話
3）聞き・かいて
4）ひき・歌って
5）見・さんぽし／歩き

39

▶もんだい p.97

1）いい
2）かんたんな
3）おもしろい

8 昼ご飯

40

▶もんだい p.100

1）おもしろかった
2）ちいさい
3）たかくない
4）あたたかかった
5）さむくなかった

▶もんだい p.101

1）あたたかい
2）楽しかった、楽しくなかった・多かった
3）高い

▶もんだい p.101

1）たべた
2）しなかった
3）くる
4）かえらなかった
5）する
6）ない
7）けっこんしている

▶もんだい p.102

1）あびた
2）食べなかった
3）買った

▶もんだい p.103

1）きれいだった
2）べんりじゃなかった
3）100えんだ
4）がくせいじゃない
5）いいてんきだった

▶もんだい p.104

1）Bさんの、私のじゃない
2）雨だった・いい天気だ
3）きれいだ

41

▶もんだい p.105

1）私、この本、ほしい。
2）きのう、スーパーでパン、買った。
3）佐藤さん、え、好き？
4）毎晩、シャワー、あびてから、勉強する。

42

▶もんだい p.105

1）けど

2）から

3）から

4）けど・から

43

▶もんだい p.106

1）食べました

2）しました

3）入りました

4）送りました

44

▶もんだい p.107

1）もう、まだ

2）もう、もう

3）まだ、もう

45

▶もんだい p.109

1）働いている

2）作る／作っている

3）あげる

4）作った

9 便利なことば

1 조사

1 ▶もんだい p.113

1）**3**　2）**4**　3）**1**　4）**2**

5）**4**　6）**2**　7）**4**　8）**1**

9）**1**　10）**2**

2 ▶もんだい p.114

1）**4**　（3→2→**4**→1）

2）**2**　（1→3→**2**→4）

3）**2**　（4→3→**2**→1）

2 부사

▶もんだい p.116

1）**4**　2）**1**　3）**3**　4）**2**

5）**4**　6）**3**　7）**2**

3 접속사

▶もんだい p.117

1）**2**　2）**4**　3）**1**　4）**4**

5）**4**

4 접미어

▶もんだい p.118

1）**1**　2）**4**　3）**2**　4）**3**

まとめの問題

정답・스크립트

2 電気屋で

▶もんだい p.36

＜글의 문법＞

1 **4**

2 **1**

3 **4**

4 **2**

＜청해＞

もんだい1

3 🔊 27

女の人が店の人と話しています。
女の人の買い物はいくらですか。

> F：これ、いくらですか。
> M：赤いのは400円で、白いのは300円です。
> F：そうですか。2つで700円……。
> M：じゃあ、2つで600円でいかがですか。
> F：じゃあ、2つください。

女の人の買い物はいくらですか。

もんだい2

1 **2** 🔊 28

> M：すみません。ボールペンはどこですか。
> F：1　100円です。
> 　　2　あちらです。
> 　　3　日本のです。

2 **3** 🔊 29

> M：このシャツをください。
> F：1　はい、いかがですか。
> 　　2　はい、おねがいします。
> 　　3　はい、ありがとうございます。

3 きのうの買い物

▶もんだい p.50

＜글의 문법＞

1 **3**

2 **2**

3 **1**

4 **4**

5 **4**

＜청해＞

1 **2** 🔊 32

女の人が男の人のうちへ来ました。
女の人は何で来ましたか。

> F：こんにちは。
> M：いらっしゃい。歩いてきましたか。
> F：いいえ。
> M：この時間はバス、ないでしょう。タクシーで来ましたか。
> F：いいえ、車で。
> M：そうですか。

女の人は何で来ましたか。

2 **2** 🔊 33

男の人と女の人が話しています。
明日だれが何を買いますか。

> M：このボールペン、いいですね。どこで買いましたか。
> F：駅の前のスーパーで買いました。300円でした。
> M：私もほしいです。
> F：じゃあ、明日買ってきますよ。
> M：そうですか。じゃあ、おねがいします。

明日だれが何を買いますか。

④ 上野の町

▶もんだい p.64

<글의 문법>

もんだい1

- ① 4
- ② 3
- ③ 2
- ④ 1

もんだい2

1

<청해>

もんだい1

① 1 🔊36

女の人と男の人が話しています。
銀行はどこにありますか。

> F：すみません。銀行はどこにありますか。
> M：銀行ですか。あそこに大きいビルがありますね。
> F：あ、はい。あのビルのとなりですか。
> M：いいえ、ビルのとなりはゆうびんきょくです。銀行はビルの中です。
> F：そうですか。ありがとうございます。

銀行はどこにありますか。

② 3 🔊37

女の人と男の人が話しています。
男の人の家族はどこにいますか。

> F：はじめまして。リンです。
> M：はじめまして。スミスです。リンさんは中国人ですか。
> F：はい、中国人です。家族は北京にいます。スミスさんのご家族は？
> M：父と母はニューヨークにいます。でも、兄は日本にいます。
> F：そうですか。

男の人の家族はどこにいますか。

もんだい2

① 3 🔊38

> M：今からカラオケに行きませんか。
> F：1　いいえ、行きませんでした。
> 　　2　はい、カラオケに行ってください。
> 　　3　すみません、カラオケはちょっと
> 　　　　……。

② 2 🔊39

> F：タクシーで帰りませんか。
> M：1　ええ、今タクシーに乗っています。
> 　　2　ええ、そうしましょう。
> 　　3　いいえ、もう帰りました。

⑤ まんが

▶もんだい p.77

<글의 문법>

- ① 4
- ② 2
- ③ 1
- ④ 4

<청해>

① 3 🔊42

男の人と女の人が話しています。
女の人は来週何をしますか。

> M：ああ、足がいたい。
> F：だいじょうぶ？
> M：きのう、たくさんサッカーの練習をしたから……。
> F：サッカーはおもしろいよね。私もよくテレビで見るよ。
> M：サッカー、好き？
> F：うん、大好き。
> M：じゃあ、来週、試合があるから、見に来て。
> F：うん、行く。

女の人は来週何をしますか。

男の人と女の人が話しています。
女の人はどうして山へ行きたくないですか。

M：みんなといっしょにどこか行きたいですね。
F：いいですね。私はプールへ行きたいです。
M：でも、プールは人が多いですから……。
F：じゃあ、海へ行きましょう。
M：う〜ん。海も人が多いですよ。私は山が好きです。山はいいですよ。
F：でも、山はつかれますから……。
M：そうですか……。

女の人はどうして山へ行きたくないですか。

6 空港で

▶もんだい p.87

<글의 문법>

1 **4**
2 **3**
3 **2**
4 **3**

<청해>

1 **3** 🔊46
男の人が病院で女の人と話しています。
男の人は朝、どの薬を飲みますか。

F：大山さん、お薬です。
M：はい。
F：この白い薬は朝、昼、晩、食事をしてから飲んでください。
M：はい。朝、昼、晩、1つずつですね。
F：はい。この青い薬は、夜だけ飲んでください。朝と昼は飲まないでくださいね。
M：はい、わかりました。
F：おだいじに。

男の人は朝、どの薬を飲みますか。

男の人と女の人が話しています。
2人はもう映画を見ましたか。

M：吉田さん、この映画、もう見ましたか。
F：いいえ、まだです。加藤さんは？
M：きのう見ました。とてもおもしろかったです。水曜日までやっていますよ。
F：そうですか。じゃあ、明日見に行きます。

2人はもう映画を見ましたか。

7 スキーとおんせん

▶もんだい p.98

<글의 문법>

1 **3**
2 **3**
3 **1**
4 **1**
5 **3**

<청해>

1 **4** 🔊50
男の人と女の人が話しています。
女の人は今から何をしますか。

M：もう1時ですよ。木村さん、昼ご飯は？
F：この仕事が終わったあとで、食べます。
M：でも、少し休んでください。今日は朝から資料を作ったり、会議をしたりして、いそがしかったですから。
F：でも、その前にこのレポートをコピーしてから……。
M：そうですか。じゃあ、おねがいします。

女の人は今から何をしますか。

2 **4** 🔊51
男の人が大学のじむ室で女の人と話しています。
男の人は今からどうしますか。

F：じゃあ、この紙に名前や住所などを書いて
　　ください。

M：はい。

F：それから、写真をはって出してください。
　　あ、写真ははるまえに、うらに名前を書い
　　てくださいね。

M：すみません。写真をわすれました。

F：じゃあ、写真をはってから、明日持ってき
　　てください。

M：はい、わかりました。

男の人は今からどうしますか。

8 昼ご飯

▶もんだい p.110

<글의 문법>

1	3
2	2
3	3
4	4

<청해>

1 3 🔊53

女の人と男の人が話しています。
2人はどうしてカレーを食べませんか。

F：昼ご飯、カレー、食べない？

M：食堂のカレーは安いけど、あまりおいしく
　　ないよ。

F：花屋のとなりの店、おいしいよ。

M：う～ん。

F：カレー、きらい？

M：きらいじゃないけど、今日、あまりお金な
　　いから……。

F：じゃあ、コンビニへ何か買いに行く？

M：うん。

2人はどうしてカレーを食べませんか。

2 2 🔊54

男の人と女の人が話しています。
男の人は今晩何をしますか。

M：ワンさん、冬休み、台湾へ帰るの？

F：まだ、きめていないけど……。

M：じゃあ、いっしょにスキーに行かない？

F：えっ、スキー？　行きたい。でも、安いと
　　ころ、あるかな？

M：じゃあ、今晩友だちに聞いて、明日電話す
　　るね。

F：うん、おねがい。

男の人は今晩何をしますか。

もぎ試験
정답・스크립트

げんごちしき（もじ・ごい）

もんだい1 ▶もんだいp.122

1	**4**
2	**1**
3	**3**
4	**3**
5	**2**
6	**1**
7	**2**
8	**4**
9	**3**
10	**2**
11	**2**
12	**2**

もんだい2 ▶もんだいp.123

13	**2**
14	**1**
15	**4**
16	**1**
17	**2**
18	**1**
19	**1**
20	**1**

もんだい3 ▶もんだいp.124

21	**1**
22	**4**
23	**4**
24	**3**
25	**1**
26	**2**
27	**2**

28	**2**
29	**1**
30	**2**

もんだい4 ▶もんだいp.126

31	**3**
32	**2**
33	**4**
34	**1**
35	**1**

げんごちしき（ぶんぽう）・どっかい

もんだい1 ▶もんだいp.128

1	**4**
2	**2**
3	**3**
4	**1**
5	**2**
6	**3**
7	**4**
8	**1**
9	**4**
10	**1**
11	**4**
12	**4**
13	**1**
14	**2**
15	**3**
16	**1**

もんだい2 ▶もんだいp.130

17	**1**	（4→2→**1**→3）
18	**1**	（2→4→**1**→3）
19	**3**	（1→4→**3**→2）
20	**1**	（4→2→**1**→3）
21	**3**	（2→4→**3**→1）

もんだい3 ▶もんだい p.131

22	**1**
23	**2**
24	**4**
25	**1**
26	**3**

もんだい4 ▶もんだい p.132

27	**3**
28	**2**
29	**1**

もんだい5 ▶もんだい p.135

30	**3**
31	**3**

もんだい6 ▶もんだい p.136

32	**2**

ちょうかい

もんだい1 ▶もんだい p.138

1 **1** 🔊 56
男の人と女の人が話しています。
男の人はこのあとすぐ何をしますか。

M：何か手伝いましょうか。
F：ありがとう。じゃあ、部屋をそうじして、このお皿を洗って、リンゴを切って、それからジュースを買いに……。
M：え〜！？ それはちょっと……。
F：じゃあ、そうじ、おねがいします。
男の人はこのあとすぐ何をしますか。

2 **2** 🔊 57
男の人と女の人が話しています。
日曜日、女の人は海へ行くまえに、何をしますか。

M：日曜日、ぼくの車で海へ行きませんか。インターネットでいいところがありましたから。

F：いいですね。じゃあ、私、お弁当作りますね。飲み物も……。
M：わあ、お弁当ですか。うれしいなあ。でも、飲み物は重いですから、いいですよ。
F：そうですか。じゃあ、そうします。
日曜日、女の人は海へ行くまえに、何をしますか。

3 **1** 🔊 58
先生が学生に話しています。
これから学生はどのじゅんばんでしますか。

M：今から「紙しばい」を作ります。
F：先生、「紙しばい」は何ですか。
M：はじめにお話をかんがえてください。それから、この紙にえをかいて、うしろにお話を書いてください。えとお話をかいたあとで、このえを見せながら、お話を読みます。いいですか。
F：は〜い。
これから学生はどのじゅんばんでしますか。

4 **4** 🔊 59
男の人と女の人が電話で話しています。
2人は明日どこで会いますか。

M：明日のコンサートは4時からですから、3時半に駅で会いましょう。
F：駅は人が多いですから、会場の入り口はどうですか。
M：外は寒いですよ。
F：そうですね。じゃあ、入り口じゃなくて、中に入って待っていてください。
M：わかりました。
2人は明日どこで会いますか。

5 **4** 🔊 60
女の人と男の人が話しています。
女の人はだれと京都へ行きますか。

F：来週、京都へ旅行に行きます。
M：いいですね。1人で？

14

F：いいえ、母と姉といっしょに行きます。

M：お父さんは？

F：父は仕事がいそがしいですから……。

M：そうですか。

女の人はだれと京都へ行きますか。

6 3 (🔊) 61

教室で先生が話しています。

この学生はつくえの上に何をおきますか。

F：今からテストをしますから、つくえの
　　上のものはかばんに入れてください。

M：先生、えんぴつとけしゴムもかばんに
　　入れますか。

F：いいえ。それはつくえの上においてくださ
　　い。

M：先生、時計は？

F：時計はいいですが、けいたい電話はだめで
　　すよ。

M：はい、わかりました。

この学生はつくえの上に何をおきますか。

7 4 (🔊) 62

男の人と女の人が話しています。

男の人は女の人といつどこへ行きますか。

M：鈴木さん、ぼく、明日友だちと山へ行きま
　　すが、いっしょに行きませんか。とてもき
　　れいな山ですよ。

F：すみません。明日は山田さんとコンサート
　　に行きますから……。

M：そうですか。ざんねんだなあ。じゃあ、あ
　　さっての日曜日にいっしょに食事をしまし
　　ょう。

F：ええ。じゃあ、あさって。

男の人は女の人といつどこへ行きますか。

もんだい2 ▶もんだい p.141

1 4 (🔊) 63

デパートで男の人と女の人が話しています。

女の人はどのかばんを買いますか。

M：この白いかばん、どう？

F：白はちょっとね。

M：この黒いのは？

F：黒いのはうちにあるから……。もう少し大
　　きいかばんがいいな。

M：じゃあ、これかな。

F：そうね。

女の人はどのかばんを買いますか。

2 3 (🔊) 64

女の人と男の人が話しています。

ＡＢホテルはどこにありますか。

F：すみません。ＡＢホテルはどこですか。

M：ＡＢホテルですか。ＡＢホテルは駅の
　　前の道を右に行ってください。

F：あの道を右ですね。

M：ええ、そうです。左がわにありますよ。

F：右に行って、左ですね。ありがとうござい
　　ました。

ＡＢホテルはどこにありますか。

3 4 (🔊) 65

男の人と女の人が話しています。

女の人はいつからアルバイトをしますか。

M：じゃあ、よろしくおねがいします。明日か
　　ら来てください。

F：え？　明日はちょっと……。

M：じゃあ、あさっての木曜日からは？

F：すみませんが、来週からおねがいします。

M：わかりました。じゃあ、来週月曜日から来
　　てください。

F：はい。

女の人はいつからアルバイトをしますか。

4 2 🔊66

男の人と女の人が話しています。
女の人は毎日何時間インターネットをしますか。

M：あ〜あ、つかれた……。
F：朝から元気がないね。きのうの晩、おそく
　　までゲームをしていたから？
M：うん。いつもは3時間くらいだけど、き
　　のうは5時間やったからちょっとつかれた
　　よ。
F：そう。私も毎日2時間くらいインターネッ
　　トするけど、……。ゲームはぜんぜんしな
　　い。
M：そう。おもしろいよ。

女の人は毎日何時間インターネットをしますか。

5 1 🔊67

先生が話しています。
試験の答えは何で書きますか。

M：今から試験をします。試験の答えはえんぴ
　　つで書いてください。ペンやボールペンは
　　使わないでください。まちがえたところ
　　は、けしゴムできれいにけしてください。
　　わかりましたか。
F：はい。

試験の答えは何で書きますか。

6 2 🔊68

女の人が電話で男の人に住所を聞いています。正
しい住所はどれですか。

F：もしもし、そちらの住所ですが東町1−
　　12−12ですよね。
M：いいえ、東町じゃなくて西町です。
　　西町の1−12−13です。
F：あ、そうですか。西町の1−12−13で
　　すね。
M：はい、そうです。
F：ありがとうございました。

正しい住所はどれですか。

もんだい3 ▶もんだいp.143

1 1 🔊69

会社の人といっしょに旅行に行きたいです。
会社の人に何と言いますか。

F：1　いっしょに行きませんか。
　　2　いっしょに行きましたか。
　　3　いっしょに行きたいですか。

2 2 🔊70

会議が始まる時間がわかりません。
何と言いますか。

M：1　今日の会議、どこでしますか。
　　2　今日の会議、何時からですか。
　　3　今日の会議、だれが出ますか。

3 1 🔊71

パン屋でパンを買います。
店の人に何と言いますか。

F：1　このパン、ください。
　　2　このパン、買ってください。
　　3　このパン、買いますか。

4 3 🔊72

友だちの本を借りたいです。
友だちに何と言いますか。

M：1　その本、もらってください。
　　2　その本、借りてください。
　　3　その本、かしてください。

5 3 🔊73

友だちが旅行から帰ってきました。
友だちに何と言いますか。

M：1　旅行、どれにした？
　　2　旅行、どうする？
　　3　旅行、どうだった？

1 **2** 🔊 74

F：すみません、10分くらい待ってください。

M：1　ええ、いいですか。
　　2　ええ、いいですよ。
　　3　ええ、いいですね。

2 **1** 🔊 75

M：おなかがすきましたね。

F：1　そうですね。食事にしましょう。
　　2　そうですよ。おなかですよ。
　　3　そうですね。すきですよ。

3 **3** 🔊 76

F：木村さん、えが上手ですね。

M：1　いいえ、好きですね。
　　2　え？　へたですか。
　　3　ありがとうございます。

4 **3** 🔊 77

M：新宿まで何で行きますか。

F：1　友だちと行きます。
　　2　明日、行きます。
　　3　バスで行きます。

5 **2** 🔊 78

F：日本語の勉強はどうですか。

M：1　はい、日本語の勉強です。
　　2　とてもおもしろいです。
　　3　はい、これです。

6 **3** 🔊 79

M：あの人、だれ？

F：1　あの人よ。
　　2　私よ。
　　3　高橋さんよ。

にほんごのうりょくしけん かいとうようし

N5
げんごちしき(もじ・ごい)

じゅけんばんごう
Examinee Registration
Number

なまえ
Name

〈ちゅうい Notes〉
1. くろいえんぴつ (HB、No.2) で かいて ください。
 (ペンや ボールペンでは かかないで ください。)
 Use a black, medium soft (HB or No 2) pencil.
 (Do not use any kind of pen.)
2. かきなおす ときは、けしゴムで きれいに けして
 ください。
 Erase any unintended marks completely.
3. きたなく したり、おったり しないで ください。
 Do not soil or bend this sheet.
4. マークれい Marking examples

よい れい Correct Example	わるい れい Incorrect Example
●	⊗ ⊘ ○ ⊖ ⊕ ◑ ◐

もんだい1

1	①	②	③	④
2	①	②	③	④
3	①	②	③	④
4	①	②	③	④
5	①	②	③	④
6	①	②	③	④
7	①	②	③	④
8	①	②	③	④
9	①	②	③	④
10	①	②	③	④
11	①	②	③	④
12	①	②	③	④

もんだい2

13	①	②	③	④
14	①	②	③	④
15	①	②	③	④
16	①	②	③	④
17	①	②	③	④
18	①	②	③	④
19	①	②	③	④
20	①	②	③	④

もんだい3

21	①	②	③	④
22	①	②	③	④
23	①	②	③	④
24	①	②	③	④
25	①	②	③	④
26	①	②	③	④
27	①	②	③	④
28	①	②	③	④
29	①	②	③	④
30	①	②	③	④

もんだい4

31	①	②	③	④
32	①	②	③	④
33	①	②	③	④
34	①	②	③	④
35	①	②	③	④

にほんごのうりょくしけん かいとうようし

N5
げんごちしき（ぶんぽう）・どっかい

じゅけんばんごう
Examinee Registration
Number

なまえ
Name

〈ちゅうい Notes〉
1. くろいえんぴつ (HB、No.2) でかいて ください。
   （ペンや ボールペンでは かかないで ください。）
   Use a black, medium soft (HB or No 2) pencil.
   (Do not use any kind of pen.)
2. かきなおす ときは、けしゴムで きれいに けして
   ください。
   Erase any unintended marks completely.
3. きたなく したり、おったり しないで ください。
   Do not soil or bend this sheet.
4. マークれい Marking examples

よい れい Correct Example	わるい れい Incorrect Example
●	⊗ ⊘ ○ ◑ ◐ ⊖ ⊙

もんだい 1

	1	2	3	4
1	①	②	③	④
2	①	②	③	④
3	①	②	③	④
4	①	②	③	④
5	①	②	③	④
6	①	②	③	④
7	①	②	③	④
8	①	②	③	④
9	①	②	③	④
10	①	②	③	④
11	①	②	③	④
12	①	②	③	④
13	①	②	③	④
14	①	②	③	④
15	①	②	③	④
16	①	②	③	④

もんだい 2

	1	2	3	4
17	①	②	③	④
18	①	②	③	④
19	①	②	③	④
20	①	②	③	④
21	①	②	③	④

もんだい 3

	1	2	3	4
22	①	②	③	④
23	①	②	③	④
24	①	②	③	④
25	①	②	③	④
26	①	②	③	④

もんだい 4

	1	2	3	4
27	①	②	③	④
28	①	②	③	④
29	①	②	③	④

もんだい 5

	1	2	3	4
30	①	②	③	④
31	①	②	③	④

もんだい 6

	1	2	3	4
32	①	②	③	④

にほんごのうりょくしけん かいとうようし

N5
ちょうかい

じゅけんばんごう
Examinee Registration
Number

なまえ
Name

〈ちゅうい Notes〉

1. くろい えんぴつ (HB、No.2) で かいて ください。
(ペンや ボールペンでは かかないで ください。)
Use a black, medium soft (HB or No 2) pencil.
(Do not use any kind of pen.)

2. かきなおす ときは、けしゴムで きれいに けして ください。
Erase any unintended marks completely.

3. きたなく したり、おったり しないで ください。
Do not soil or bend this sheet.

4. マークれい Marking examples

よい れい Correct Example	わるい れい Incorrect Example
●	⊗ ⊘ ○ ◑ ⊖ ① ◯

もんだい 1

1	①	②	③	④
2	①	②	③	④
3	①	②	③	④
4	①	②	③	④
5	①	②	③	④
6	①	②	③	④
7	①	②	③	④

もんだい 2

1	①	②	③	④
2	①	②	③	④
3	①	②	③	④
4	①	②	③	④
5	①	②	③	④
6	①	②	③	④

もんだい 3

1	①	②	③
2	①	②	③
3	①	②	③
4	①	②	③
5	①	②	③

もんだい 4

1	①	②	③
2	①	②	③
3	①	②	③
4	①	②	③
5	①	②	③
6	①	②	③

MEMO

MEMO

[저자 소개]

ＡＢＫ(公益財団法人 アジア学生文化協会)
_{エービーケー}

ABK(공익재단법인 아시아학생문화협회)는 1957년 설립된 문화 교류 증진을 위한 공공 재단이며, 일본어 학교와 유학생 기숙사를 운영하고 있습니다. 아시아 학생들과 일본 청소년들의 공동체 생활을 통해 인류 화합 및 과학, 기술, 문화, 경제적 교류를 도모하며 아시아 친선과 세계 평화에 공헌하는 것을 목표로 하고 있습니다.

본교에서는 대학·대학원 진학, 전문학교 진학, 취업 등 학생이 나아가고자 하는 방향에 맞춰 일본어능력 시험 혹은 일본유학시험에 대비할 수 있도록 하며, 실력 향상과 강화를 목표로 일본어 교육을 진행하고 있습니다.

집필자는 전원 ABK에서 일본어 교육에 종사하고 있는 교사입니다. 자매단체로 학교법인 ABK 학관 일본어 학교(ABK COLLEGE)도 있습니다.

감　　수 : 町田恵子

집필자 : 町田恵子・津村知美・藤田百子・星野陽子・向井あけみ

협력자 : 新井直子・内田奈実・遠藤千鶴・大野純子・掛谷知子・勝尾秀和・亀山稔史・國府卓二・
　　　　 新穂由美子・成川しのぶ・萩本攝子・橋本由子・服部まさ江・福田真紀・
　　　　 森川尚子・森下明子・吉田菜穂子

번　　역 : Academic Japanese 연구소

改訂版　TRY!日本語能力試験N5　文法から伸ばす日本語 © ABK 2014
Originally Published in Japan by ASK Publishing Co., Ltd., Tokyo

TRY! JLPT 일본어능력시험
N5

초판 1쇄 발행 2022년 1월 18일

지은이 ABK(公益財団法人 アジア学生文化協会)
펴낸곳 (주)에스제이더블유인터내셔널
펴낸이 양홍걸 이시원

홈페이지 www.siwonschool.com
주소 서울시 영등포구 국회대로74길 12 남중빌딩 시원스쿨
교재 구입 문의 02)2014-8151
고객센터 02)6409-0878

ISBN 979-11-6150-576-3
Number 1-311212-11119900-02